効果的英語授業の設計

理解・練習・繰り返しを重視して

佐藤 臨太郎・笠原 究 [編著]

奥平和也・古賀 功・今野勝幸・鷹野英仁 [著]

開拓社

はじめに

　「なぜ英語を勉強するの？」このような質問を生徒から尋ねられたこと
はないでしょうか。さて，皆さんはどう答えましたか。「国際化が進むこ
の時代において将来仕事において必須だから」，「旅行や趣味で使うことが
できると便利だから」，「考え方を広げてくれるから」，あるいは「受験で
必要だから」，等々，様々な答えが考えられ，どれも正しそうで，同時に
どれも説得力に欠けるかもしれません。この英語ができなくても特に不都
合を感じない日本において英語を学ぶことの意義を，明確に生徒に伝える
ことは簡単ではありません。しかしながら，英語は言語，つまり，人と人
をつなぐコミュニケーションの手段であり，したがって，英語を学び，身
につけることによって，世界の多くの人々とコミュニーションしていくこ
とが大きな目標であることには間違いありません。学習指導要領が改訂さ
れるたびに，「実用的コミュニケーション能力を養う」ことが強調されて
きましたが，英語の授業設計においても常にこれを念頭に置くべきでしょ
う。このような状況において，最近は，授業において，よりコミュニカ
ティブに，文法説明等はできるだけ行わず，練習活動も最小限にとどめ，
生徒に実際に英語を使わせることにより，英語を習得させるべきだという
考えが主流になりつつあるようです。

　しかしながら，英語に触れる機会が少なく，日常的に英語を使用する必
要のない外国語としての日本での英語の学習環境において，本当に使いな
がら学ぶ，learn by using it は効果的なのでしょうか。理解や基礎練習を
重視した learn to use it はもはや時代遅れなのでしょうか。昨今，タスク
中心の教授法（Task-based-language-teaching: TBLT）や内容言語統合型
学習（Content and language integrated learning: CLIL）のように，正確

iv

な習得よりもむしろ内容重視の教え方が注目を集めており，中にはなるべく教えないで，生徒に自由に活動させておけばいいと考える先生方もいるようです。また，最近学習指導要領でも強調されている「主体的・対話的で深い学びと創造的思考の育成」やその手段としての「アクティブラーニング」が今の大きな流れでもあります。我々（編者，佐藤・笠原）は内容重視，学習者中心の理念そのものには全く反対はしませんが，日本の英語学習環境において，それをメインにすえて本当に英語が使えるようになるのかと考えた場合，深い憂慮を禁じ得ないところであります。限られた時間できちんと明示的な指導をし，飽きさせないで繰り返し練習させ，実際に使えるところまで指導するのが公教育における英語教師の務めであると考えております。そのためにはどのように授業を設計していけばよいか，本書は，編者の高校での実践経験，大学での教員養成，自らの第二言語習得研究からの知見を基盤として，議論，提案していくものです。もちろんその根源には我々の日本での英語学習，まだまだ道半ばですが，英語習得のための日々の英語との格闘経験があることはいうまでもありません。

　さて，英語教育においては4技能のバランスの取れた育成が必要ですが，その基盤となるのは文法と語彙であるといえます。本書では第1章において，提示–練習–使用（Presentation-Practice-Production: PPP）を基本とした文法指導について理論と実践の観点からまとめ，さらに中学校での授業実践例を紹介します。第2章では認知心理学の知見を生かした語彙指導についての提案と実践例を紹介します。第3章においては，日本の英語教育に欠けている繰り返しを保証する分散学習の提案と，中学校での帯学習の実践例，動機付け理論を基にした繰り返し学習活動を示します。最終章においては日本のEFL環境における効果的に日本語を用いた英語での授業について扱います。なお，本書の執筆者はすべて，中部地区英語教育学会の課題別プロジェクト（平成31年〜令和3年）「日本のEFL環境における，生徒の英語でのコミュニケーション意欲を高める工夫」にて研究を共にした先生方です。本書の内容の一部は同プロジェクト

の成果報告にもなっております。

　各章の執筆者は次のとおりです。

　　第 1 章　佐藤臨太郎・鷹野英仁
　　第 2 章　笠原究
　　第 3 章　笠原究・奥平和也・古賀功・今野勝幸
　　第 4 章　佐藤臨太郎
　　コラム①②④⑤　佐藤臨太郎
　　コラム③⑥　　　笠原究

　本書は純粋な学術書・専門書ではありません。提案・主張については我々自身の主観や信念に基づく部分もあります。あくまで仮説として捉え，読書皆様自身で，その仮説と対話しながらお読みくださり，今後の授業設計の参考にしていただければと思います。また，全章を通じて明日の授業で活用できる活動，アイデア等もできるだけ入れましたので何らかのお役に立てれば幸いです。

　2022 年 5 月

佐藤臨太郎

目　次

はじめに ……………………………………………………………… iii

第1章　EFL 環境下での文法指導 ……………………………… 1
1. 文法指導・説明は必要か？ ……………………………………… 1
2. 提示・練習・産出 (Presentation-Practice-Production: PPP) とその
   限界 ……………………………………………………………… 4
3. 改訂型 PPP 文法指導法の提案 ………………………………… 7
   3.1. 改訂型 PPP の流れ ………………………………………… 7
      3.1.1. Presentation（提示）………………………………… 8
      3.1.2. Practice（練習）…………………………………… 15
      3.1.3. Producton（使用）………………………………… 19
   3.2. 理論的背景 ………………………………………………… 24
      3.2.1. スキル習得理論 (Skill Acquisition Theory) の観点から …… 24
      3.2.2. マインドセットの観点から ……………………… 26
   3.3. 補完的文法指導法として ………………………………… 28
   3.4. 文法能力の評価に関して ………………………………… 31
      3.4.1. 伝統的文法問題と課題 …………………………… 32
      3.4.2. パフォーマンス評価 ……………………………… 35
4. 持続可能な教室内でのコミュニケーション活動 …………… 39
   4.1. はじめに …………………………………………………… 39
   4.2. 持続可能なコミュニケーション活動の要件 …………… 40
   4.3. 『友達はどんな子？ (Interview with five questions)』………… 41
   4.4. 『なりきり記者会見 (Press conference with a famous person)』‥ 47
   4.5. 生徒の活動を評価する …………………………………… 50
   4.6. むすびに …………………………………………………… 51
   コラム①　英語の歌を使った授業 ……………………………… 52

第2章　EFL 環境下での語彙指導 ･････････････････････････ 57

1. 高頻度語を教える ･･････････････････････････････････ 58
1.1. 高頻度語の重要性 ･･････････････････････････････ 58
1.2. 高頻度語かどうかを判断する ･･････････････････ 62
2. 繰り返しを保証する ････････････････････････････････ 64
2.1. 何度繰り返せばよいか ････････････････････････ 64
2.2. 分散して繰り返す ･･････････････････････････････ 66
3. テスト効果（想起練習）を取り入れる ･･････････････ 68
3.1. 個人及びペアでの想起練習 ････････････････････ 68
3.2. テストが先，復習は後 ････････････････････････ 69
4. 付随的学習を併用する ････････････････････････････ 71
4.1. 意図的語彙学習と付随的語彙学習 ････････････ 71
4.2. 付随的学習を促進するインプット源 ･･････････ 72
5. 最高頻度 2,000 語を発表語彙にする ･･････････････ 76
5.1. アウトプット活動を取り入れる ･･････････････ 76
5.2. 発表知識を伸ばすフィードバックを与える ････ 80
5.3. 流暢性を上げる ････････････････････････････････ 82
コラム②　SDGs と英語教育 ････････････････････････ 83
コラム③　音声指導 ････････････････････････････････ 84

第3章　分散スパイラル学習・帯学習 ･･･････････････････ 87

1. 分散スパイラル型授業計画 ････････････････････････ 89
1.1. レッスン最初（1 時間目）の授業（すべてを導入）･･････ 90
1.1.1. レッスン全文のリスニング ･････････････ 90
1.1.2. 概要確認（文法事項導入）･････････････ 91
1.1.3. 語彙項目導入 ･･････････････････････････ 91
1.2. スパイラルタイム（2 時間目以降）･･････････････ 92
1.2.1. 英語一般の流暢性を上げる活動 ････････ 92
1.2.2. 語彙を定着させる活動 ････････････････ 93
1.2.3. 文法項目を定着させる活動 ･････････････ 94
1.2.4. 音読活動（2 時間目以降）･････････････ 96
1.2.5. アウトプット活動 ････････････････････ 98
1.2.6. 本文全体のリテリング ････････････････ 99
1.2.7. 発表活動 ･･････････････････････････････ 99
2. 使えるところまで責任を持つ！帯活動で築く基礎（帯活動の実践例）･･ 100

2.1. 絶対暗記例文 ……………………………………… 102
　2.1.1. 準備 …………………………………………… 103
　2.1.2. 活動例①：暗記トレーニング ……………… 103
　2.1.3. 活動例②：カルタ ……………………………… 104
　2.1.4. 想起練習 ……………………………………… 104
　2.1.5. 指導上の工夫 ………………………………… 105
　2.1.6. 成果（長期記憶化） ………………………… 106
2.2. たてよこドリル ………………………………… 108
　2.2.1. 活動例①：タイムプレッシャー …………… 108
　2.2.2. 活動例②：バトルデイ ……………………… 109
　2.2.3. 指導上の工夫 ………………………………… 109
2.3. アクションカード ……………………………… 111
　2.3.1. 準備 …………………………………………… 111
　2.3.2. 活動例 ………………………………………… 112
　2.3.3. 指導上の工夫 ………………………………… 113
2.4. 帯活動を成功させるためのポイント ………… 115
　2.4.1. 結果にコミットする ………………………… 115
　2.4.2. ICT 活用による時間の節約 ………………… 116
　2.4.3. 計画の重要性 ………………………………… 117
2.5. おわりに ………………………………………… 117
3. 「動機づけ理論をもとにした繰り返し学習活動」 …… 119
3.1. 繰り返し活動を持続させるために ……………… 119
　3.1.1. 身近で達成可能な目標の設定 ……………… 120
　3.1.2. 「やらされている感」の低減 ……………… 122
3.2. 動機づけを考慮に入れた繰り返し活動 ……… 123
コラム④ 動機づけに関して ………………………… 132

第4章　EFL 環境下での英語での授業 ……………… 133
1. 意義・背景 ………………………………………… 133
2. 英語での授業での注意点 ………………………… 135
3. 英語の授業におけるフィードバック …………… 141
3.1. 訂正フィードバックの種類とその機能 ……… 142
3.2. 生徒の発話を促すフィードバック …………… 145
3.3. 生徒の「学習者が英語でコミュニケーションを主体的にとろう
　　とする態度」をどのように向上させるか …… 149
4. 英語の授業でのジェスチャーの効用 …………… 152

5. 日本語の使用 ……………………………………………… 159
6. ALT とのティームティーチング ………………………… 166
  6.1. ALT vs JTE ……………………………………………… 166
  6.2. 課題や問題点と解決法の提案 ………………………… 169
コラム⑤ 日本人英語話者のモデルは？ ……………………… 174
コラム⑥ 教師の英語学習 ……………………………………… 175

おわりに ………………………………………………………… 179

参考文献 ………………………………………………………… 183
付　録 …………………………………………………………… 191
索　引 …………………………………………………………… 207
著者紹介 ………………………………………………………… 211

第1章　EFL 環境下での文法指導

　第1章では日本の EFL 環境における文法指導について扱う。文法指導の是非・意義について考察し、伝統的指導法である提示・練習・産出 (Presentation-Practice-Production: PPP) を概観した上で、改訂型 PPP 文法指導法を提案する。最後に中学校での授業実践例を紹介する。

1.　文法指導・説明は必要か？

　文法知識は2つの違った性質の「暗示的知識」と「明示的知識」に区別できるという考え方がある。前者の暗示的知識とは、文法の規則を説明できなくても、直感的にその文法が正しいかどうか判断できる知識、実際にある文法を使用できる知識である。例えば、我々日本人が「私は東京へ行きました」と「私が東京へ行きました」を状況に応じて、瞬時に使い分けることができるのは暗示的知識によるものである。このように、日本人が文法規則を上手く説明できなくても日本語をコミュニケーションで実際に使用できるのはこの日本語への暗示的知識があるからだといえる。一方、明示的知識というのは、文法規則について、意識的に説明できる知識である。例えば、「英語の仮定法過去とは If ＋主語＋動詞の過去形、主語＋過去の助動詞＋原形という形式で、現在の事実とは違うことを表す」と理解

2

しており，説明できれば，仮定法過去についての明示的知識があるということになる。第二言語習得研究においては，コミュニケーションにおいて重要な役割を果すのは暗示的知識だという立場の考えが強く，第4章で扱うインプット仮説を提唱した Krashen（1982）によると明示的知識は言語運用上においてほぼ機能しないとしている。つまり，意識的に学んだ明示的知識はコミュニケーションの上では役に立たない，明示的文法指導はほぼ効果がないか，あってもあくまで補完的という主張である。また，Ellis（2019）は外国語学習も基本的に第一言語習得と同様に暗示的知識が主要な役割を果すと述べている。つまり外国語学習も母語習得と同じ道筋をたどると述べているのだが，はたしてそうだろうか。母語が日本語であるとすると，日本語を習得したのと同じような過程を経て，我々は外国語である英語を学習することができるのだろうか。

　さて，教授法について簡単にみてみよう。文法や語彙使用の正確性を重視する伝統的な指導法である文法訳読法やオーディオ・リンガル・メソッドについて，その理論上の疑問や，実際に外国語運用能力を伸ばすことに成功しなかったという解釈から1960年代から70代にかけてヨーロッパを中心に普及していったのがコミュニカティブ・ランゲージ・ティーチング（Communicative language teaching: CLT）である。CLTにおいては，学習者がコミュニケーションを図ることを第一義としており，文法規則はコミュニケーションをしながら自然に身についていくことを前提としている。つまり，暗示的知識を重視しているということである。また，CLTの論理的な発展であるタスク中心の指導法（Task-based language teaching: TBLT）においても，形式に焦点を当てた明示的文法指導は基本的に行わないことを前提としている。この形式よりも内容を重視した指導法は近年，日本でも多くの研究者や教師に支持され，主流になる勢いであるが，ここで，果たして，形式中心の明示的文法指導は本当に効果がないのかという問いが浮かびあがる。

　我々の母語である日本語の習得を振り返ると，文法を誰かから体系的に

教わることなく，たくさんの日本語に触れ，聞き，使うことによって自然に習得してきた。暗示的知識の習得である。このような自然な習得が英語学習において起こりうるのだろうか。筆者は，日常的に英語を使用する必要がなく，英語に接する時間も授業中と授業外の自学における限られた時間のみである外国語としての英語（English as a foreign language: EFL）による学習環境においては，自然な暗示的知識の習得は非常に難しいと考える。外国語学習において「使用依拠モデル」（e.g., N. Ellis & Ferreira-junior, 2009）が紹介されることがある。簡単にまとめると，文法説明がなされなくても，大量の質の高いインプットとアウトプットにより，その蓄積から抽象度の高い規則が獲得されるということである。この可能性を100％否定はしないが，週に数時間の授業で，英文を聞き，読み，何らかの言語活動をする現状においては，自然に文法が習得される（金谷他, 2020）とは筆者には到底思えない。國弘正雄先生は朗読のみで英語を学習できるという只管朗読を唱えられたが，おそらく 1 つのレッスンについて五百回ないしは千回も朗読したといわれている。確かにそこまでやると自然習得があり得るかもしれないが，生徒に課すのは現実的ではない。授業内で質の高い潤沢な英語のインプットを受け，さらに英語での活動を通じて，新たな知識を自然に習得していく可能性ももちろん否定はしないが，限られた学習時間と生徒のモチベーション等を考慮すると，この自然習得に頼るのは効果と効率の面からも無理があるといえる。EFL 環境において明示的文法知識は外国語学習における土台，基本であり，しっかりとした明示的知識なくしては，実際にその言語を使用することはできないと考える。最近は文法指導が軽視され，実践で使用できれば問題ない，むしろ文法偏重がコミュニケーション能力の育成を妨げているという意見が強く，明示的知識の習得よりも，むしろ内容を重視して，活動の中で文法・語法等を暗示的に自然に習得していくべきだという考え方が支持を得ているようである。教師主導の明示的文法・語法指導ではなく，生徒主導・活動中心の考え方であり，筆者はこの理念に反対はしないが，果たし

て日本の英語学習環境において本当に効果的なのか疑問を持たずにはいられない。たしかに，文法知識を習得することが最終目的になっているとすれば問題であるが，英語使用に至るための明示的文法指導は不可欠ではないだろうか。「文法指導」「教える」という表現の定義・理解が曖昧であり，整理が必要ではあるが，「文法指導は必要不可欠である」という立場を強調しておきたい。

　授業での文法指導の必要性について，別の観点から1つ付け加えたい。活動重視で生徒自身に気づかせる・発見させる，自然に身につけさせる指導ではどうしても気づけない，身につけられないで取り残されていく生徒が数多く出てくる。最悪の場合，学習をあきらめてしまう事態も考えられる。あるいは（ほとんどの場合）塾などの学校外での学習機会に頼ることになる。残念ながら，学校での先生の授業が分かりにくいから塾に行くようになったという例も枚挙にいとまがない。塾等で明示的に指導を受け理解し，学校でその知識を使い活動するとすれば，たしかに，学習全体としては上手く分担され効果的なように見える。しかしながら，これは公教育が塾に依存する教育の放棄であるといえないだろうか。また，塾に通う経済的余裕のない生徒はどうなるのだろうか。教育格差の助長につながり，これは大げさでもなんでもなく，市民権，社会権の問題でもあると筆者は考える。公教育において教師は限られた時間での生徒の学びをしっかりと保証すべきである。この観点からも文法指導・説明の必要性を強く強調したい。

2.　提示・練習・産出 (Presentation-Practice-Production: PPP) とその限界

　文法の伝統的指導法として，提示（Presentation）・練習（Practice）・産出（Production）の3ステージからなるそれぞれの頭文字をとった PPP と呼ばれる指導法がある。提示（Presentation）において，主に日本語で

新しい文法や語法についての明示的演繹的説明を行い，続いて練習（Practice）では，文法規則等を正確に使えるようにするために機械的練習を行い，最後の産出（Production）にて目標文法を使ったコミュニケーション活動を行うという流れである。この指導法の背景には行動心理学による習慣形成，習得メカニズムがあり，文法を積み上げ式に学んでいけるという点において，文法シラバスをベースに作成されている中高の検定教科書と整合性があり，さらに入試や校内での定期考査との整合性も高いといえる。各授業における目標も明確で，教師にとっても非常にやりやすい効率的な指導法といえる。

---

① 提示（Presentation）日本語による明示的演繹的文法説明
② 練習（Practice）機械的練習
③ 産出（Production）目標文法を使う活動

表1：伝統的 PPP 授業概略

村野井（2006）は提示（Presentation）・練習（Practice）の間に，教科書本文の内容理解を目的とした読解・聴解を取り入れた理解（Comprehension）の段階を組み込み，PCPP を提案している。以下がその流れである。

---

① 提示（Presentation）
　題材内容，トピックへの口頭導入（oral introduction）
　文法・語彙項目のコンテクストの中での提示
② 理解（Comprehension）
　リスニング・リーディングによる理解
③ 練習（Practice）
　語彙の発音練習　有意味文型練習　音読
③ 産出（Production）
　理解度確認

トピックに関する産出活動

表 2：内容中心の PCPP 授業の概略（村野井，2006, p. 20 を要約）

山家（1972: 山家保先生記念論集刊行委員会，2005 より引用）では前時の復習後の流れとして P（Presentation）P（Practice）C（Comprehension）P（Practice）を紹介している。PPP をベースとした練習重視の授業展開である。

① 提示（Presentation） 　　新教材の口頭導入 ② 練習（Practice） 　　口慣らしの練習 ③ 理解（Comprehension） 　　理解の点検 ③ 練習（Practice）＆産出（Production） 　　一斉音読と本時の全体の理解の点検 　　ライティング（必要であれば）

表 3：練習重視の授業展開（山家保先生記念論集刊行委員会 2005, p. 126 を筆者が要約）

理解→練習→産出という「しっかり理解して，たっぷり練習し，実際にそれを使ってみる」この PPP アプローチは十分に説得力がありそうだが，PPP の習慣形成理論を言語習得への根拠とする理論的観点は疑問視されており，この指導法は機械的練習中心であるとして第二言語習得（SLA）研究者にも否定的にみられる傾向にある。確かに，正確さを重視するあまり本当のコミュニケーション能力につながらない，習った文法，語句を意図的に使えるのはその場だけである，言語の規則は学べるが機能を理解することができない等々の批判は一聴に値する。さらに，言語習得の大前提

条件である，潤沢なインプットを得ることができないという深刻な問題もある。また運用の点においても，実際の授業では「文法説明」のみが重視され，「練習」はそこそこで，最後の「産出」はほぼ省略されているという状況も耳にする。PPP は日本の英語学習環境との整合性が高いことは間違いないが，その欠陥を十分に吟味し修正を加えた上で，PPP の利点を生かした指導法を考案していく必要があるといえる。村野井（2006）による内容中心の PCPP はその一案ともいえるが，PPP の有益な理念が担保されているかは検討の余地があるだろう。

3.　改訂型 PPP 文法指導法の提案

　日本の外国語としての英語学習環境，日本人学習者の特性，指導の実行性を考慮し，伝統的 PPP の欠陥を克服する指導法，改訂型 PPP を提案する。大まかな流れとして，最初に文法を導入・説明し，練習を経て，最終的に使用するという PPP がベースとなっているが，PPP の指摘されている弱点を克服するための具体的方策を示したい。

3.1.　改訂型 PPP の流れ

　伝統的 PPP 型授業の欠点は，1）インプット量の不足，2）機械的練習への過度な依存，3）言語の機能を学ぶ場の欠如等にある。ここでは，それらの欠点の克服を試みた改訂型 PPP の流れをできるだけ具体的に説明していく。概観は以下にまとめられる。なお。改訂型 PPP では Production の日本語訳を「産出」ではなく「使用」と改めた。

提示 (Presentation)

教師のスモールトークによる潤沢なインプットとインタラクションの機会

日本語による工夫を凝らした生徒の興味を引き付ける明示的演繹的文法説明

あるいは英語による帰納的指導

⇒いずれの場合もゴールは明示的知識の獲得

↓

練習 (Practice)

機械的練習＋

文脈を伴った各個人に関連のある英文を用いての形式と意味に焦点を当てた練習

⇒正確性に重きを置き目標文法の定着

↓

使用 (Production)

目標文法を使う活動（正確さ，流暢さ）＋

（暗に奨励はされるが）目標文法使用を義務付けない自由度の高い活動（流暢さ） ⇒コミュニケーション能力の育成

次に，改訂型 PPP をステージごとにできるだけ具体的に説明していく。

3.1.1. Presentation（提示）

　文法の導入，説明。このステージでの最終的なゴールは明示的知識，宣言的知識の獲得にある。とはいっても，いきなり「今日は比較級を学びます。比較級というのは …」と文法の説明から入るのではなく，teacher talk/small talk による英語での導入から始める。これにより，PPP の深刻な欠陥であるインプット量の不足という問題を解決し，言語習得の大前提条件である，潤沢で質の高いインプットを与えることになる。Talk の内容については，もちろん，先生方の自由な発想で決めてもらうことになるが，本時の内容と関連付け，さらに言語学習に寄与するものでありたい。具体的に以下の条件を提案する。

ア　潤沢な質の高い英語であること

イ　生徒が興味を持って聞ける面白い内容であること

ウ　内容が本時と（教科書）と関連があること

エ　前回扱った文法事項が含まれていること

オ　今回扱う文法事項が含まれていること

カ　生徒とのインタラクションがあること

アについては，言語習得の観点から質の高い潤沢なインプットは不可欠とされ，生徒の現在の英語能力より若干上のレベルではあるが理解可能である "$i+1$" のインプット（Krashen, 1982）をできるだけ与えることが重要であるとされている（i は interlanguage，「中間言語」を意味する）。生徒は文脈や，前後関係，または教師の表情やジェスチャーなどを手掛かりに多少レベルの高いインプットを理解しようとするのだが，この時に習得が進むと考えられている。さらに，"$i+1$" に加え，理解した知識の強化と自動化を促す現在の英語能力や若干易しいレベルの "i"，"$i-1$" のインプットを大量に与えることも必要である。この presentation での small talk が，このための絶好の機会の 1 つであるといえる。教師には生徒の反応を見ながら，臨機応変に柔軟に，英語のレベルをその場で修正する能力が求められる。

イについては，授業の初めに生徒の気を引く，気持ちを授業に向けさせるためにも面白い内容であることが理想である。すべての生徒が興味を持

10

ち，楽しんで聞いてくれるトークにするのは難しいかもしれないが，常に情報網を貼り，生徒が興味を持ちそうな話題を仕入れていく努力が必要である。教師自身もこれを楽しんで行いたいものである。発話の際には表情豊かに，時には大げさなジェスチャーを用いたりしながら，生徒にしっかりと聞いてもらえるよう工夫すべきである。

ウのトピックについては，できれば，その授業で扱うトピックと関連する内容が望ましいといえる，例えば，中 3 の授業で "The world's Manga and Anime"（NEW Crown 3, Lesson 4）を扱うのであれば，自身のアニメに関する経験等をトークにすると，スムーズに授業に入っていけるのではないだろうか。

エの前時の文法項目を含めるということは，生徒が前回の授業で学習した文法はいわゆる，"i"，"$i-1$" のインプットになり，知識の強化と自動化を促すことになる。「あっそういえば，前回やった」と文法に注意を向ける生徒もいるだろう。良い復習の機会にもなる。

オの本時で扱う未習の文法項目は "$i+1$" のインプットとなる。文脈から気づきを期待したいが，仮に気づくことができなくても，後での文法説明時に，「あっそういえば，さっき先生が使っていた」と自ら気がつく生徒もいることであろう。文脈から内容を推測していく能力はコミュニケーションにおいて非常に重要であるので，この "$i+1$" のインプットをトークに含めることを意識すべきである。

カのインタラクションでは，生徒に聞いてもらうだけではなく，アウトプットの機会を与えるということにもなる。また，生徒の発言に対してフィードバックを与えることにより，生徒は発話すべき表現と，自分の誤りの違いに気づき，文法・語彙 を学ぶことができるとも考えられる。これについては第 4 章で詳しく扱う。

では実際にトーク例を紹介する。対象は中学校 3 年生，教科書は NEW CROWN 3，前授業は Lesson 3 "The Story of Sadako"，扱った文法は "the girl playing tennis, a famous book written by Soseki" で用いられて

いる分詞の形容詞的用法と仮定する。本時は Lesson 4 "The World's Manga and Anime"，目標文法は関係代名詞主格の that，who である。

教師：	Good morning, class. How are you this morning? I'm very happy now. Yesterday, I received a letter written by a famous cartoonist, or Mangaka. I'm a big fan of him. I'm a big fan of Captain Tsubasa. The cartoonist who wrote the anime sent a letter to me. In the letter there was a picture of a boy playing soccer. Who is he? A kun.
生徒 A：	Yes. Tsubasa.
教師：	That's right. Have you seen the anime?
生徒 A：	Yes.
教師：	OK. You have seen the anime. I like Tsubasa, who is a talented soccer player. What anime do you like, B san?
生徒 B：	I like … , I like "Kimetsuno Yaiba" very much.
教師：	Oh, I like it very much, too. I especially like a devil fighting for people. She is a devil who has a human mind, I think. How about C san? What anime do you like the best?
生徒 C：	Conan? I see it yesterday at home.
教師：	Oh, "Detective Conan" You watched it yesterday. Yes, Conan is a cute and smart boy that can always solve the cases. By the way, C san, did you study English last night?
生徒 C：	Yes, of course.
教師：	I'm happy to hear that. OK, today, we are going to learn about Japanese Anima. We have talked about

Anime just now. Did you notice, or hear that I often said "who" in the talk?

ア～カにあげた条件すべてをクリアすることは難しいと感じられるかもしれない。また，必ずしもすべてクリアする必要はないであろう。（実際に教員研修等で先生方にやっていただいたときでも，苦労されていた方も多くみられた。）ただ，これは，慣れと練習で十分対応可能である。最初はトーク内容をスクリプトとして書き，暗記して授業に臨んでもよい。経験を重ねるうちに流暢さも増し，生徒の発話には柔軟に臨機応変に対応できるようになるはずである。Practice makes perfect，まずはトライを。

　以下，スモールトークの例をあげてみた。参考にしていただければと思う。

　　学年：中学 2 年

　　教科書：NEW CROWN 2

　　レッスン名：Uluru

　　　前時の文法：SVOO（例：I will give him a wallet.）

　　　前時の内容：オーストラリアの気候

　　　本時の文法：SVOC（例：We call him Tom. It makes me happy.）

　　　本時の内容：Uluru とアナング族

　　Small Talk

　　Good afternoon, class. Did you have a wonderful lunch? What did you do after lunch?（生徒とのインタラクション）

After lunch I took some pictures of our school garden. There are many vegetables there, such as beans, broccoli, and tomatoes. They are really beautiful. I will show you some pictures next time. By the way, do you think tomatoes are vegetable or fruit.（生徒とのインタラクション）

　　Some people call them vegetable and some people call them fruit.

There are different opinions.　There are big and small tomatoes in the garden.　I will also show you their pictures.　Yes.　I like taking and seeing pictures very much.　I have a picture here.　Please look at this picture. (ウルルの写真を生徒に見せる)

Do you think this is beautiful?　Yes, this rock is very beautiful. People called this rock Ayers Rock.　Now they call it Uluru.　Today we are going to learn about this rock.

学年：高校 2 年 (英語表現 II)
教科書：Vivid English Expression II
レッスン名：What language do they speak there?
　前時の文法：to- 不定詞
　前時の内容：Studying is fun
　本時の文法：seems to- 不定詞, It seems that …
　本時の内容：言語学習に関して
Small Talk

Do you remember that my dream was to be a professional base-ball player when I was a little boy?　To play baseball was the most exciting thing for me then.　I also loved watching baseball games. I often went to the Hanshin Kousien stadium to cheer for Tigers which is my favorite team.　Do you like baseball?　What is your fa-vorite professional team? (生徒とのインタラクション)

Now I'm teaching here as an English teacher.　It seems that my dream was not realized.　But I'm very happy now.　Learning and teaching a foreign language is really exciting.　You seem to be en-joying learning English.　Do you like to study English? (生徒との インタラクション)

I really want to improve my English and I also think I should

learn one more foreign language, such as French, Chinese or Kore-
an. How about you? Do you want to learn another foreign lan-
guage? Which foreign language do you want to learn? (生徒とのイ
ンラクション)

OK, now let's move to the textbook.

small talk の後，文法指導に入るわけだが，方法として 1) 明示的に日本
語で解説する。2) 多くの例文を示し生徒に規則を推測させる，が考えら
れる。1) は伝統的な演繹的指導だが，説明はできるだけ簡潔にし，例文
も工夫しながら生徒の興味を引く英文にすべきである。例えば，関係代名
詞主格が目標文法の場合，以下のような例が考えられる。

"Captain Tsubasa is a soccer player who can show wonderful skills."
を板書し，Captain Tsubasa is a soccer player までを指して，「キャプテ
ン翼はサッカー選手です。」と確認し，次に "who" をハイライトし，この
who は「誰かというとその人は」という意味であることを伝え，次に can
show を指し，「見せることができる」と訳し，さらに wonderful skill を
指し，「素晴らしい技術を」と日本語にしていく。最後に，英文は「キャ
プテン翼は素晴らしい技術を見せることのできるサッカー選手です」とい
う意味になるということを確認し，人 who＋V … ＝「… を V する人」
という規則であることを解説する。

この文法説明における工夫として，生徒の認知的レベルに応じ，文法項
目の本質をついた「気づき」を促す文法説明や，既習の他の文法項目との
［関連づけ］を図ることにより，学習者の文法学習への動機付けを高める
ことができる（詳しくは田中他，2006 など）。また，例文を工夫して生徒
の興味を引くことも大切である。先ほどのトークの後では I have a stu-
dent who loves Detective Conan very much. のような英文が考えられる。
また，日本語と英語を比較することによって文法の概念的な違いや共通性
を示し，生徒の知的好奇心に訴えるのも有効である。文法説明においては

教師から生徒への一方通行の講義形式になってしまい，一部の生徒の集中
が持たないということもあり得るが，そのような場合は一文を説明した
後，その文を全員で読んでみる，暗記して声に出してみるなどの活動を入
れることも一案であろう。

　2）は帰納的指導になるが，グループやペアで考えさせることも 1 つの
方法である。塾等の学校外での学習ですでに知っている生徒，気づくこと
のできない生徒等，生徒個々の状況は多様であることとも考慮し，最終的
には教師からの説明・解説も与え，明示的知識獲得を保証すべきであると
考える。演繹的指導か帰納的指導か議論になることもあるが，筆者は限ら
れた授業時間での効率性を考えると前者をメインとし，後者を，補完的に
行えばよいと考える。また，ルールとして説明しにくい文法項目（例えば，
to 不定詞と動名詞の使い分け等）はこの presentation での説明は大幅に
省き，次の practice（練習）にて，practice makes perfect（習うより慣れよ）
という方針で，まずは慣れさせながら理解を深めていくというやり方で扱
うことも考えられる。文法項目により，どの程度明示的指導に時間をかけ
るべきかについては，まだまだ，研究の必要があるが，白畑（2015）が非
常に参考になる。

3.1.2.　Practice（練習）

　プラクティスというと，オーディオ・リンガル・メソッドにおけるパ
ターンプラクティスを思い浮かべる人が多いのではないだろうか。正しい
形式の反復や一部を変更させて繰り返すことにより，内在化させていくと
いうものである。活動例を以下にあげる。

　・教師の口頭での英文をできるだけ正確に速く繰り返す。
　　　教師：I have friends who play rugby in New Zealand.
　　　生徒：I have friends who play rugby in New Zealand.
　・英文を，教師の指示で一部を入れ替える。

教師：I have friends who play rugby in New Zealand.

生徒：I have friends who play rugby in New Zealand.

教師：England.

生徒：I have friends who play rugby in England.

教師：a friend

生徒：I have a friend who plays rugby in England.

・教師の指示で英文を変換させる

教師：I have friends who play rugby in New Zealand.　過去形

生徒：I had friends who played rugby in New Zealand.

教師：否定文

生徒：I don't have friends who play rugby in New Zealand.

教師：疑問文

生徒：Do I have friends who play rugby in England?

・教師の質問に答える

教師：What do you have in New Zealand?

生徒：I have friends who play rugby in New Zealand.

オーディオ・リンガル・メソッドは行動主義心理学を理論的根拠とし，模倣と反復練習，習慣形成を特徴としている。この教授法には，機械的練習はコミュニケーションの能力育成には貢献しない，正確さと流暢さを最初から同時に求める活動は学習者にとって困難でやる気をそぐことになる，教師主導の生徒の自主性を無視した指導である等，多くの懸念が指摘されている。確かに，上の例を見ても英語の自然な使用とは言い難い不自然な発話を生徒に強いていることは事実で，これらの練習だけでは，英語でのコミュニケーション能力が向上するとはいえないであろう。しかしながら，日本の EFL 環境においては習得すべき文法を短期間で効率的に身につけていくための基本的な練習はその土台作りのために不可欠である。ところで，読者の皆さんは「学ぶ（まなぶ）」の語源が，「真似ぶ」，つまり，

真似るから来ているということを聞いたことがあるだろうか。正しい型を身につけるためにはまずは真似ることから学びが始まるということである。武道や芸事で引き合いに出されることが多いが，英語学習においても，そのまま当てはまるのではないだろうか。正しく正確に真似ることにより，そこから技術を伸ばしていけるということである。この「正しく真似ること」の意義を強調したい。また，練習により，上手に真似ている，正しく言えているという感覚，成功体験が，やればできるというモチベーション向上にもつながるはずである。したがって，このパターン・プラクティスの良さを生かしながら，さらに，機械的練習のみに終始しないように工夫を加えていくことがカギとなる。例えば，A person who puts out a fire is までを教師が発話し，a firefighter を生徒に発話させ，その後全員で発話するなどの練習も考えられる。さらに，A person who makes delicious food is と教師が発話した後に，生徒に a cook と言わせ，Oh, isn't it your mother? Isn't your mother a good cook, D san? などと教師の創意工夫でインタラクティブに行うこともできる。

　Ortega（2007）は効果的な EFL 環境での練習として以下の 3 原則を提案している。

1.　インタラクティブである。
2.　意味のある活動である。
3.　タスクをやり遂げるためにある形式に焦点を当てなければいけない。

これに従うと，例えば，以下のような練習が考えられる。

　「将来どういう人になりたいか関係代名詞 who を用いて英語で書き，それを暗記してパートナーに伝えなさい。その際，できれば理由も加えてください。」

目標文法に焦点を当て，同時に自分にとって意味のある英文を正確に書き，インタラクティブに意味を伝達するコミュニカティブ・プラクティスといえる。以下の例はどうだろうか。

> ペアになり，以下の会話について，①役割を決めて，に自分のパートをできるだけ暗記して会話しなさい。②次に（　）を自分の場合に置き換えて会話しなさい。
>
> A: What kind of person do you want to be in the future?
> B: I want to be a person who (can help other people). How about you?
> A: I really want to be a person who (can sing songs very well).

模範と反復練習を基本とするパターン・プラクティスとは異にするコミュニカティブな練習であることが分かる。機械的模倣練習で期待できる成果は主に音韻面に限定される可能性が高いという主張もあり，また，文型練習も（それだけでは）コミュニケーション能力育成に直接貢献するとは言い難い。しかしながら，このような文脈のある中での意味を介在させた練習を加えることによって実際にコミュニケーションで使用できる知識の習得が期待できるといえる。なお，様々な練習例については付録にまとめてあるので参考にしていただければと思う。

　ここで，提示（Presentation），練習（Practice）おける暗記の効用について考えてみたい。先に，ルールとして説明しにくい文法項目は Presentation（提示）での説明は省き，主に，Practice（練習）にて，扱うべきであると述べたが，理解よりもまずは覚える，つまり丸暗記することの効用もある。ルールを理解し，その上で練習を繰り返し定着や内在化を図るのではなく，まず暗記してしまうということである。これはある特定の状況において使われる定型表現の学習に有効である。

　　Can you tell me where I can ～ ?

Can you tell me how to get to ～ ?

Could you go over that again, please?

Can you speak a little slower, please?

これらは助動詞 can / could の許可・依頼を表す表現であるが，冗長に説明を繰り返すよりも，覚えて練習させるほうが効率がよいであろう。また，no more than（～しか），not more than（せいぜい）/ no less than（～も），not less than（少なくとも）のように，紛らわしく，理解が難しい表現も日本語とともに暗記してしまうのが効率的である。文法書にはなぜそのような意味になるのか説明されているが，学習者にとって，これをしっかりと理解するのは至難の業ではないだろうか。他にも，"What do you think this is?" のような構文を分析的に分かりやすく説明し理解してもらうのも非常に難しく，このような例は枚挙にいとまがない。暗記練習で定着させていくことが有効である。そこで重要なのは，実際にそれらの表現を学習者がインプットとして処理する機会，アウトプットとして使用する機会を多く作ることである。丸暗記で問題なのは，実際にインプット処理も含めて実際にコミュニケーションで使用する機会までを保証していないということである。覚えた知識が，あるコンテキストで使われていることに気づき，あるいはある状況で使用することにより，学習が進んでいくわけである。あくまで，スタートとして暗記させ，使用につなげていくべきと考える。

3.1.3.　Production（使用）

　この段階にて学習者は英語を用いてコミュニケーション活動を行う。残念ながら，中高での実際の PPP 運用においてこの最後の P がほとんど省略されてしまっているか，重要視されていないという問題が頻繁に指摘されている。先に紹介した練習重視の山家（1972）の活動もその一例であろう。しかしながら，実際に使える文法能力（「手続き的知識」）育成のため

20

にこの "Production" における output 活動が不可欠であり，英語教育の
大きな目標である英語運用能力育成の観点からも，この最後の "Produc-
tion" のために前の 2 つの P がある，つまり最終到達点はあくまで最後の
Production にあると考えるべきである。活動の第一段階としては，最初
に目標文法の使用が求められる活動を行う。これに関して，「実際のコ
ミュニケーションでは事前に語項目を決めることはない。」という見方や，
「習った文法事項を意識して使って活動しているだけである。」という批判
もあるが，日常生活において英語を使う環境にない EFL 状況では目標文
法を意図的に使って活動することは，学習上不可欠であると考える。活動
例を紹介したい。中学 3 年生を対象とする NEW CROWN 3 の Lesson
4，関係代名詞主格 who/that を扱う部分からである。

　　Talk & Write
　　(1)　職業について，ペアでクイズを出し合おう。
　　　　　例：　A:　They're people who paint pictures.
　　　　　　　　B:　They're painters.
　　(2)　(1) で話したことをまとめて書こう。
　　　　　例：　Painters are people who paint pictures.

関係代名詞主格を使用しなさいとの明示的な指示はないが，例文からその
使用が求められていることは明白である。次の例は目標文法の使用が指示
されている活動例である（筆者作成）。

　　Interview
　　❶What do you want to be in the future? とできるだけ多くの人に将
　　来の夢を聞いて，誰が，何になりたいかを表にまとめてください。聞
　　かれた人は関係代名詞 who を用いた英文で答えてください。またそ
　　れ以外の質問を 1 つ加えて，その人の情報を聞き出し，自由に会話
　　を続けてください。（質問は何でもいいです）できるだけ何も見ない

で会話すること。

Name	Dream	Other information

　上記 2 例は Practice の色彩の濃いコミュニケーション活動であり，コミュ
ニカティブ・プラクティスとその性質においてかなり重なる部分もあるだ
ろう。ただ，この両者の明確な線引きにこだわる必要はないのではないだ
ろうか。要は，コミュニケーションの中で，目標文法をできるだけ正確に
使用するということであり，コミュニケーションの自由度の高い活動を後
ろに持ってくると考えてよいのではないだろうか。

　次の段階として，どの文法項目を使うかの判断を学習者に委ねた自由度
の高い活動を行う。ロールプレイや，ディスカッションなどの様々な自由
度の高いタスクを活用することが考えられる。以下はロールプレイ例であ
る（筆者作成）。

ペアでそれぞれ A か B になり，相手を説得するよう会話をしてくだ
さい。

　(Role A son / daughter) You want to enter a senior high school in
America next year, because you want to play an active role interna-
tionally in the future.　But your father / mother may not allow it.
Ask your father / mother for permission.

　(Role B father / mother) Your son / daughter will ask you if he / she
can go to an American high school.　You don't want him / her to go
there.　You just want him / her to be successful in Japan（not inter-
nationally）.　Try to make him / her give up the plan.

22

　相手を説得するために，生徒は自分の言語リソースをフルに用いて活動
することになる。この活動では，目標文法項目である who が使用される
ことは理想ではあるが（例：I want to be a person who can work for
world peace など），形式よりも内容，コミュニケーションを重視して，
生徒が自分で使用する語や文法を選んで自由に活動することを尊重した
い。仮に，who を用いた表現が出てこなくても，以前に学習した文法，
表現を場面に応じて使用することになる。つまり，以前に学んだ明示的知
識がその後のインプットや反復的学習・使用により定着，内在化されてい
たのであれば，その知識を使用し，より自動化していく貴重な活動である
といえる。また，英語を自由に想像／創造性豊かに使用することも期待で
きるであろう。次の活動は助動詞を目標項目とした活動である。

　　三人での会話です。A，B の発話を読み，あなたは次に何と言います
　　か。ペアになり，自分が言うことを紹介し合いなさい。
　A:　In America, you cannot do anything if you do not speak Eng-
　　　lish well. After we become very good at English, we should
　　　go there to study it some more.
　B:　Yes. It must be very difficult to make yourself understood in
　　　English, but we can learn even when making mistakes in an-
　　　other country. We should go to an English-speaking country
　　　when there is a chance.
　　You:　………..

この活動においては，生徒自身の意見・考えが求められており，形式より
も内容重視である。しかしながら，より豊かな内容の発話をするためには
効果的な助動詞の使用が求められるようになっている。このように，特定
の文法項目使用を効果的に誘導する活動をこの Production ステージにて
使用することが求められる。このような，内容重視の活動後に，教師から
のフィードバックとして，使用するとより上手く活動できたであろう文法

項目や表現等を説明し，余裕があれば，再度同じ活動をさせることも効果的であろう。

　皆さんもご存知の通り，理解し，十分に練習し，使用したからといって，それがすぐに習得につながるわけではない。長い時間と継続的な練習，使用が必要である。しかしながら，基礎的な能力が確立していない中高生にとって，目標文法の「明示的理解」と「練習」を通じての体得は必須であり，実際に英語でコミュニケーションをする上での土台となるべきものであると考える。最終的にコミュニケーションのなかで，創造性を発揮して自由に英語を使えるようになるためには，「練習」と「意図的な目標文法の使用」を通じて基礎的言語能力を習得しなければならない。実際に広く用いられてきた伝統的な PPP 型の授業では，最初の Presentation（提示）が重視され，十分にその後の Practice （練習）・Production （使用）が行われてこなかったという状況がある。つまり，言語について知っているという「宣言的知識」のみが習得され，それを実際に使用できる「手続き的知識」に発展させてこなかったといえる。機械的反復練習に加え，有意な Practice と目標文法を用いたコミュニケーション活動，そしてさらに，学習者が自身のリソースを駆使して行う自由度の高い活動を Production にて実施し，コミュニケーション能力を育成することがカギであると言える。

　教科書題材の内容理解をいつ行うかについては，最初の Presentation の後に教科書理解活動を置くのが妥当だと考える。本文内容をある程度理解した上で，本文中の英文をも用いながらスムーズに練習に入ることができるからである。しかしながら，この提示→内容理解→練習→使用の流れを基本としながらも，これにこだわらず，先に練習を終えて内容理解に入る，または，例外的に文法指導の前に内容理解に挑戦させるなどのバリエーションを加えるのも一案であろう。また，クラス全体として各ステージがスムーズに進んでいない，例えば練習の段階で理解が不十分であったり，使用において，まだ練習が不足していると見受けられた場合は，ひと

つ前の段階に戻りもう一度繰り返すことも想定しておくべきである。この PPP を基盤とした教授法は学校内でのテストや入試との親和性も高く，試験のための効果的なアプローチモデルと捉えることもできるが，究極の目的は日本の EFL 環境での英語学習・習得，コミュニケーション能力の育成であることも強調しておきたい。なお Practice / Production における活動例については章末に紹介しているので参考にしていただければと思う。

3.2. 理論的背景

　改訂型 PPP の理論的背景であるスキル習得理論と情意面に関連するマインドセットという概念を説明する。

3.2.1. スキル習得理論 (Skill Acquisition Theory) の観点から

　スキル習得理論を説明する前に，簡単に「宣言的知識 (Declarative knowledge)」と「手続き的知識 (Procedural knowledge)」についてふれたい。宣言的知識とは規則を概念的に理解した知識，つまり意識的に説明できる知識であり，明示的知識とほぼ同義であると考えていいであろう。一方，手続き的知識については，暗示的知識とほぼ同義とする立場もあるが，筆者は宣言的知識を実際に使用して手続き化された知識，実際に使えるようになった知識が手続き的知識で，暗示的知識とは性質が異なるという立場である (DeKeyser, 2007 他)。スキル習得理論に基づく学習とは，まず最初に，宣言的知識を習得し，その後，繰り返し練習を重ねることで，実際に使える知識である手続き的知識に変換していき，最終的に「自動化された知識 (Automatized knowledge)」を習得し，コミュニケーションでも自然に使えるようになるということである (DeKeyser, 2007, 2015)。この理論はスポーツを例に説明されることが多いが，ここではラグビーのタックルを例に出してみたい。まず前方から走ってくる相手の太腿を狙って肩と胸から当たり，太腿から膝裏に両手を回し，そして，力を込めて引

き倒しながら前進する。これでタックル成立である。この習得のために
は，まずはこの動作を頭でしっかりと理解し（宣言的知識），何度も何度
も修正しながら反復練習（手続き化）する。その結果，上手にタックルが
できるようになり（手続き的知識），無意識に考えなくてもタックルを決
めることができるようになる（自動化）。説明も練習もなく，ただ，試合
で，「タックルしろ」ではできるはずもなく，大けがをしてしまうかもし
れない。方法を理解し，反復練習することが必要である。

　一昔前，一大ブームになった「スクールウォーズ」という実際の高校を
モデルとしたテレビ番組で，タックルを決められない部員が，毎夜，太い
木に向かってタックル練習を繰り返し，最後には素晴らしいタックルを大
試合で決めるという感動的なシーンがあった。スキル学習の成果例といえ
る。このスキル習得過程を用いて，仮定法過去の学習について再度まとめ
ると以下のようになる。最初に仮定法過去とは「現在の事実と違う事柄を
表し，If + 主語 + 動詞の過去形 …。」のように規則を明示的に理解する。
次に英文を覚えたり，表現を置き換えたり，さらにコミュニケーション活
動で使用し，頭で理解した知識を実際に使える知識にしていく。練習や使
用において，正しい表現を表出するのに最初は時間がかかるが，それを何
度も繰り返すうちにスムーズに使用できるようになっていき，最終的ゴー
ルである「自動化された知識」の習得ということになる。これを実現する
ための，明示的知識習得の方法，練習や言語活動の頻度とその内容・質
等，考慮すべき点については前節で述べた通りである。明示的理解と練習
がカギとなるわけだが，日本の EFL 環境においては，「仮定法過去」の
ルールは知らず，練習もすることもなくコミュニケーションにおいてはな
ぜか臨機応変に使用できる，という状況はほぼあり得ないだろう。日本の
英語学習環境においては，スキル習得理論に基づいた英語学習指導が理に
かなっているという立場を強調したい。

3.2.2. マインドセットの観点から

　生徒の情意面，ここでは最近注目されているマインドセットという観点から考えていく（Dweck, 2006; Mercer & Ryan, 2009; 奈須，2017など）。マインドセットには2つのタイプがある。1つは，成長マインドセット（Growth mindset）である。これは「努力と能力は同じ方向を向いており，努力によって得られた能力はどこまでも変化・成長し続ける」という態度，つまり，頑張ればできるという信念を意味する。一方は，固定的マインドセット（Fixed mindset）で「能力は生まれながらにその限界が決まっている」という考え方，つまり，「頑張っても無駄，能力がないとできない」という態度である。英語は日本人にとって習得が非常に難しい言語で，そのためには多大な努力と時間を要するので，簡単にはあきらめないで努力し続ける姿勢を支える成長マインドセットが重要になる。日本人は割とこのマインドセットが高いといわれているが，英語学習に関していうと，最終的にはあきらめてしまうケースが多いのではないだろうか。ではあきらめず，頑張り続ける成長マインドセットを伸ばすにはどうすればいいのだろうか。まず大切なのは，頑張りに応じて，望む結果が得られたという経験，以前よりも着実に伸びているという実感を学習過程において経験させることである。「頑張ってできた」という小さな成功体験の積み重ねが，成長マインドセットを育成していくわけである（奈須，2017）。そのためには，教師が生徒に努力の大切さを伝え，才能ではなく努力を誉め，成功に導くための具体的で明確な指示・指導が必要となる。また，たとえ失敗したとしてもその努力を認め，改善策を示してあげることが重要である。授業内で成功体験，達成感が得られないと，「頑張ってもできない，分からない」ことから，自分には能力がないと考える固定的マインドセットを助長させてしまうことになりかねない。したがって，何らかの形で成功体験を保証するよう授業を設計していくことが望まれる。そのためには，まず第一に，一番本質的なものを最初に整理して教えることが重要である。最初に明示的に指示されることにより，学習者はスッキリ，迷うことなく次

の活動・学習へ進むことができる（奈須，2017）。次に練習・活動の中で，理解を定着し深めていくようにする。ここで，学習者は小さな成功体験，充実感を得ることができる。そして最後に自由度の高い活動ということになる。

　マインドセットの観点から，再度改訂型 PPP を具体的にみてみる。最初に目標文法について，明示的に説明し，生徒に理解してもらうのだが，ここで例文を工夫したり，説明を英語で生徒とやり取りしながら行うことも効果的であろう。また演繹的指導ではなく，多くのインプットを与え生徒自身に気づかせる帰納的指導も考えられるが，最終的にはしっかりと解説し，明示的知識を獲得してもらうようする。ここでの理解が「分かった！」という達成感につながる。次に目標文法を使った練習に入るが，暗記や繰り返しなどオーディオ・リンガル・メソッドに基づく練習を活用する。「言えた」「覚えられた」という小さい成功体験が次の活動への意欲につながり，より認知的負荷の高い，文脈の中でのコミュニカティブな練習へ移行していくことができる。例えば，例文の一部を生徒自身のことに合うように書き換えさせて，暗記しパートナーに伝える等の練習が考えられるであろう。そして最後にコミュニケーション活動に入るわけだが，もしこの段階で十分に理解・練習ができていなければ，生徒が十分に自信をもってコミュニケーションに入っていけるようにするために，さらに説明を加えたり，練習の機会を与えることも必要である。コミュニケーション活動においては，目標文法を使うことを義務づけた例文等を参考にしながらの自由度の低い活動から始め，最終的に使用する文法・語彙，発言（筆記）内容の選択・決定を 100％生徒に任せた自由度の高い活動に流れていくようにする。この最後の活動ではもちろん，上手くいかないこともあるわけだが，教師から失敗の原因，成功への改善策を示すとともに，生徒の努力を高く評価してあげることが成長マインドセットを育成していくためには重要になってくる。

　このように，教員主導の流れになるが，これこそが「しっかり教えて，

学ばせ，生徒のモチベーション，成長マインドセットの育成につながる指導」であると考える。なお，マインドセットと PPP に関して興味のある方はオープンアクセスの論文，Sato, R. (2019a) "Cultivating a Growth Mindset in Japanese EFL Learners with a Presentation-Practice-Production-Based Approach" を参考にしていただければと思う。

3.3. 補完的文法指導法として

　明示的指導，練習，使用という流れの指導を基本とした上で，補完的に用いれば効果が期待できる指導技術について触れたい。インプットを重視した文法指導法として，「インプット洪水」(input flood)，「インプット強化」(input enhancement)」と呼ばれる指導法がある。「インプット洪水」とは，目標文法項目を多く含む題材を聞かせたり，読ませたりして，学習者に洪水のようにインプットさせ，学習者がそれに気づいて習得していくという指導法である。例えば，関係代名詞主格の that，who が目標項目である場合，口頭での次のような「インプット洪水」が考えられるであろう。

教師： Good morning, class. How are you this morning? I'm very happy now. Yesterday I received a letter from my friend who lives in New Zealand now. When I was in New Zealand, we played rugby together. As you know rugby is a sport that requires speed and stamina. My friend, Dam, was a wonderful player who was respected by all the team members. He wrote that he is coming to Japan this summer. I want to visit Kyoto with him, as Kyoto is an old capital that has many sightseeing places. Where should we go in Kyoto? Do you have any idea? A kun? (筆者作成)

このように，目標文法を含むインプットを与え，生徒の気づきを促してい

く。しかしながら，学習者の焦点は通常言語そのものではなく内容にあるので，目標文法を明示的に指導せず，このように，さりげなく暗示的に与えていくだけでは，学習への効果は限定的であるといえる。基本は，やはりPresentationにてinputとして与え，明示的指導へつなげていくのがよいであろう。

　次に「インプット強化」だが，これは，リーディング指導の際に，目標文法項目にあらかじめ下線を引いたり，太字にしたり，また色を付けたりしておき，その目標文法項目を視覚的に目立つようにして，学習者の注意を引き，習得を促す指導法である。口頭で行う場合は，音声の大きさやイントネーションを変化させて目標文法項目を際立たせ，学習者の注意を引くことが考えられる。次の例は関係代名詞主格のthat，whoを目標文法とした中3の教科書の英文を筆者がインプット強化した例である。

> This summer I went to the Japan Expo in France. It is a big annual event that introduces Japanese popular culture to the world. There were many performances by Japanese musicians who are very popular in France. I heard the talks by manga artists and anime directors who came from Japan. Lots of people wore costumes that had pictures of their favorite characters. I bought a book that had beautiful pictures of my favorite characters.
>
> (NEW CROWN 3, Lesson 4, Get part 1)

このような「インプット強化」により，学習者の文法への気づきが起こり，そして習得が促進していくことを期待するのである。ただ，その効果については，多様な要因，例えば，学習者の熟達度，学習の動機の強弱などの個人的要因や対象とする目標文法項目，インプット強化の顕著性などにより，大きく左右されるのでこちらも効果は限定的であると考える。やはり，明示的指導と組み合わせたり，融合させていくことにより，有効な指導になりうると考えたい。

　アウトプットを重視した文法指導としてはディクトグロスがあげられる。その手順は一般に以下のようになる。生徒は 1) 教師が読み上げる英文（あるいは音源から流れる）を数回聞く，2) 聞いている間にメモを取る，3) ペアやグループになり話し合いながら，メモや記憶を頼りに元の英文を復元する。この話し合いにおいて，英文構造や文法にも焦点が置かれ，学習が促進されると期待される。しかしながら，この活動においても，生徒は主に自身のすでに習得した，あるいは，習得しかかっている文法知識をフルに用いて適切な形でアウトプットすることになるので，新たな文法知識の習得は難しいといえる。あくまで補完的に明示的知識の深化，自動化のための Practice の一環として考えるべきであろう。

　以上，文法先行型，教員主導の PPP をベースとした「改訂型 PPP」を紹介してきたが，近年，実践的コミュニケーション能力育成の観点から，正確性や練習に重きを置かず，実際に英語を使用しながら学ぶという "Learn by using it" を理念とするタスク中心の教授法 (Task-based language teaching: TBLT) が大いに注目を集めている。しかし，日本のような，教室外での英語使用場面が ほとんどない EFL 環境においては，しっかりと理解し，練習してから使う "Learn to use it" を基本理念とする PPP の流れに沿った授業のほうがよいという指摘もあり，筆者もその立場である。ただ，筆者は，TBLT が日本において，効果がないと主張しているわけではない。実際，大学生を対象として，TBLT と PPP 授業の文法学習における効果を比較した研究（川本・佐藤，2011）では，文法知識の習得や英作文における正確さを重視するならば，PPP 授業，英作文における流暢さや内容の豊かさを重視するなら，TBLT 授業のほうが効果的であることを示唆する結果を得た。授業の目的や学習者のレベルに応じて，臨機応変に「使いながら学ばせるか」，「学ばせて使わせるか」を考えていけばよいといえる。しかしながら，川本・佐藤 (2011) では明示的な知識が豊富な大学生が対象であったこと考慮すると，やはり TBLT の中高での導入にあたっては慎重にならざるを得ないと考える。

　今回提案した「改訂型 PPP」は，形式よりも内容に焦点を当て，活動を通じて知識を習得していくという生徒主導型の授業や，最近，奨励されているアクティブラーニングなどの発見学習的アプローチとは一線を画していると言える。筆者は英語教育における「主体的・対話的で深い学び」や「思考の養成」に反対しているわけではない。むしろ，最終的な大きな目標として掲げておくことも有り得るだろうとは思う。しかしながら，英語教育の第一義は基礎基本の知識とそれを実際に使える技術の習得であるべきで，その上で，この基本的知識技術を土台とした上で，英語教育における創造的思考の養成を目指すべきではないだろうか。公教育において，生徒の学びは保証されなければならない。中学・高校での限られた授業時数や授業外では英語を使うことがないという EFL 環境，また，生徒のレベルを考慮すると，この「しっかりと教えて，練習させ，使用させる」というアプローチが生徒の学びを保証するためにより効率的かつ効果的であると強く主張したい。もちろん，万能な教授法などはあるはずもなく，TBLT や内容言語統合型学習（Content and Language Integrated Learning: CLIL），アクティブラーニングをベースとした指導法にもそれぞれの良さがあるのは筆者も認めるところである。また，この「改訂型 PPP」にもご意見を持たれる方もいるだろう。参考にしていただき，さらに改定を加えるなどして活用していただければ幸いである。

　なお，巻末に Practice, Production の活動例を収録した。こちらも参考にしていただければと思う。

3.4.　文法能力の評価に関して

　英語教育の大きな目標の 1 つは英語によるコミュニケーション能力育成にある。つまり，実際に状況や場面に応じて，メッセージを的確に理解した上で伝達し，意味交渉ができるという能力 (Hymes, 1972) を育成する必要がある。「コミュニケーション能力」は Canale & Swain (1980) および Canale (1983) のモデルによると文法能力，談話能力，方略能力，社

会言語学能力の4つの概念から成立する。以前から，日本の英語教育は文法能力の育成・評価に偏重しており，他の3つについては軽視されているという批判があるが，コミュニケーション能力を支える重要な構成概念である文法能力を正当に評価することの重要性については疑う余地はないであろう。どのように測定し，評価していくかが問題であるといえる。

3.4.1. 伝統的文法問題と課題

　コミュニケーション能力を支える文法能力ということを考えると，文法規則を知っているという宣言的知識だけではなく，実際にそれを使える文法力，つまり，手続き的知識の有無が測定されるべきということになる。
　以下は，2020年度大阪府公立高等学校入試問題である。

　　「あなたはもう宿題を終えましたか」

　　Have you （ア finish　イ finished　ウ finishing) your homework?

（正解　イ）

ア～ウのうち適しているものを選ぶ問題であるが，この問題では現在完了形に関する知識の有無を測っている。
　以下は，平成28年度センター試験の文法問題である。

　問1　The train ⬚8⬚ when I reached the platform, so I didn't have
　　　to wait in the cold.
　　① had already arrived　　② has already arrived
　　③ previously arrived　　　④ previously arrived

（正解は①）

ここでは過去完了の「過去のある時点までの動作の完了・結果」を表す用法の知識の有無を測っている。このように，従来の伝統的文法テストの多くは主に特定の文法項目の知識を測定している。つまり，上の例題のように，従来の筆記テストにおける文法テストは，おもに「宣言的知識」しか

測定してこなかったのではないかと考えられる（根岸, 2011; 根岸・村越, 2014）。上に示したような例題を用いて，宣言的知識の有無を測定することは，もちろん重要であるが，ただそれだけはなく，「手続き的知識」の測定も求められる。以下は，根岸・村越（2014）で提案された「手続き的知識テスト（procedural knowledge test; PK-Test）」である。

B10.（Ken と Tom が, Tom の部屋で話しています。）

Ken:　Wow! You have an Ichiro uniform! Do you like him?

Tom:　Yeah. I ＿＿＿＿＿＿＿＿＿＿ in New York. It was great.

（watch his game）

（根岸・村越「文法の手続き的知識をどう測るか」*Article Review*, 8 号, p. 30）

　この問題では，watch his game を適当な表現にしたものを選ぶことが求められている。正解は「その後に続く It was great. という文から，it が指す内容が過去の 1 つのイベントである」と判断して，過去形が選択されなければならない」(p. 30) としている（watched his game）。つまり，文脈を読み取る必要があると言える。根岸・村越（2014）では，このような文脈の中で的確な文法項目を判断し使用する PK-Test のスコアは，ライティングで使われた手続き的知識との相関も高く，したがって，学習者の手続き的知識を反映している可能性が高いと結論している。今後はこのような実際の使える知識，文法の手続き的知識を測る筆記文法問題の開発が必要であろう。

　次にライティングにおける文法の手続き的知識測定方法を考えてみたい。以下の問題は手続き的知識を測っているだろうか。

　　次の日本文を英語にしなさい

　　「もし 300 万円あったら，あのスポーツカーを買うだろう」

　　（実際は 300 万円はない, 現実には無理）

34

　正解の If I had 3 million yen, I would buy that sport car. を書けたら仮定法過去についての手続き的知識があるとも考えられそうだが，このような問題においては，使用すべき文法項目が明らかであるので，むしろ宣言的知識を測っており，実際のコミュニケーションで使用できることとの相関は低そうである。つまり，手続き的知識を測っているとは言い難いのではないだろうか。次の問題はどうだろうか。

　　　次に述べられているのは Kenji 君についての情報です。その情報を元に，あなたが Kenji 君になったつもりで英語の自己紹介文を自由に書いてください。

情報：　高校一年生で，野球部に入っているが，本当は背が高かったら，バスケットをしたいと思っている。ポップミュージックが好きで，時間があったら，コンサート（concert）に行きたいと思っているが忙しくてなかなか行けない。将来は英語の先生になりたいと思っている。

（佐藤（2011）『異文化理解のための実践学習』）

模範解答は以下になるが，もちろん多種多様な正解となる英作文が考えられるだろう。

　　　I'm a freshman at high school and a member of the baseball club. I like basketball, too, and if I were taller, I would play basketball. I love pop music very much. If I had more free time, I could go to concerts, but I'm too busy. In the future, I want to be an English teacher.

この英作文では書くべき内容は提示されているが，使用すべき文法項目は明確に示されていない。しかしながら，仮定法過去を使用すれば，より情

報を正確に伝えられるということになる。このような，指示の明示性の低い，ある程度，書き手にどのような文法項目を用いるかについての判断が任せられる活動において，ある特定の文法が用いられたら（この場合は仮定法過去），その文法についての手続き的知識を持っている可能性が高いと判断できるのではないだろうか。学習者が自分の持っているリソースをフルに活用できるという点において，コミュニケーション能力育成との整合性も高いといえる。採点の信頼性の担保等の課題もあるが，このような，書き手に若干の自由度を与えた目標文法の手続き的知識を測る問題も利用してはいかがだろうか。

3.4.2.　パフォーマンス評価

　筆記試験のみで，コミュニケーションのための文法能力を測定することは不可能である。筆記試験では，文法知識の有無，理解度（宣言的知識）を測れるが，実際にコミュニケーションで使えるかどうかを見極めることはできないからである。そこで，実際に生徒に英語での活動をしてもらい評価する「パフォーマンス評価」が必要となる。パフォーマンス評価をより円滑に，客観性を確保して実施するためには，評価項目ごとにその評価基準を明記した一覧であるルーブリックを活用することになる。事前に生徒に評価基準を示しておくことで，明確な学習目標にもなる。6 つのレベルからなるヨーロッパ言語共通参照枠（CEFR）のルーブリックが有名であるが，対象とする学習者と日本人学習者とのレベルの差が大きく，日本の中高生の授業で身につけた能力を測る尺度としては必ずしも適してはいない。CEFR の詳細な能力記述を参考に，目標や活動内容に応じて，評価項目を絞り，簡潔にしていくとよい。以下，例をあげる。改訂型 PPP における，最後のステージ Production（使用）での活動である。

活動

Interview

仮定法過去を用いて，もし今，自由な時間がたくさんあったら何をするか，できるだけ多くの人にインタビューして表に名前と，何をするかについて書いてください。またそれ以外の質問を1つ加えて，その人の情報を聞き出し，自由に会話を続けてください。

（質問は何でもいいです）できるだけ何も見ないで会話すること。

ルーブリック

表現の能力	評価項目	1（得点）	2	3
流暢さ	① 発話（声量・発音・イントネーション）	声量が少なく，発音も不明瞭で，聞き取れないところが多い	声量はほどほどで，発音も大きな問題はなく，概ね聞き取れる	声量は十分で，発音も明瞭である
	② 表現	状況に応じた適切な語句・表現を用いてコミュニケーションしていない	概ね状況に応じて適切な語句・表現を用いてコミュニケーションしている	状況に応じた語句・表現で相手と上手くコミュニケーションしている
正確さ	③ 文法	仮定法過去の表現がほとんど正しく使えていない	多少の誤用もあるが，仮定法過去の表現を使っている	仮定法過去の表現を正しく使っている

（笠原・佐藤 (2017).『英語テスト作成入門：効果的なテストで授業を変える！』(pp. 93-94)）

このルーブリックでは，評価の上での尺度となる学習者のレベルに応じた

簡潔な能力記述文が示されている。主に改訂型 PPP での Production （使用）ステージの活動にてパフォーマンステストを行うことになるが，Practice （練習）も文法習得のための重要なステージであるので，ここでのパフォーマンスを評価してもいいであろう。以下は，音読のルーブリック例である。

ルーブリック

項目	得点 (5.4.3.2.1)	コメント
リズム・イントネーション	(5.4.3.2.1)	
語と語のつながり	(5.4.3.2.1)	
単語のアクセントの位置	(5.4.3.2.1)	
区切りの位置	(5.4.3.2.1)	
発音の正確さ	(5.4.3.2.1)	
声量	(5.4.3.2.1)	
感情の込め方	(5.4.3.2.1)	
合計		

（笠原・佐藤（2017）.『英語テスト作成入門：効果的なテストで授業を変える！』(p. 91)）

ルーブリックを用いてのパフォーマンス評価を行うことは，生徒に実際のコミュニケーションのための文法能力身につける大きな動機づけにもなるので，定期的に実行していくべきである。しかしながら，このルーブリックを用いたパフォーマンステストにも多くの課題がある。まず第一に，時間と労力がかかるという実用性の問題があげられが，ここでは，妥当性について触れたい。最初にあげたインタビュー活動では，3 項目各 3 点で 9 点満点になっているが，各項目が同じように重要であろうか。例えば，声量と文法の正確さは同じように重要なのだろうか。合計点が同じ生徒がいたとして，一人は「発話」「表現」で満点，もう一人は「表現」と「文法」

で満点の場合，この二人の能力は同等といえるのだろうか。つまり，このような，複数の観点に得点をつけ評価するという方法は仮に評価の信頼性が高いとしても，本当に測ろうとしている能力を総合的に測れていないかもしれないという妥当性に欠ける可能性があるということになる。そこで，筆者の提案は印象に基づいた総合的評価との併用である。つまり，教師が全体の印象として，例えば，9満点中，8点なり，5点なりを与えるということである。教師の印象，直感に頼ることになり，違和感を持つ方もいるかもしれないが，実際のコミュニケーションはルーブリックにすべてを項目としてあげることのできない無数の要因が複雑に絡み合った行為である。示された項目にのみとらわれると「木を見て森を見ず」ということが起こり得るのである。高度な英語の使い手である教師の直感による評価は実は綿密に作成されたルーブリックを用いた評価にも勝るのではないだろうか。また，各個人の授業でのすべてのパフォーマンスを教師が観察し，総合評価として蓄積していくという視点も必要だと考える。ルーブリックを用いたパフォーマンステスト，用いない印象点でのパフォーマンステスト，日ごろの活動の印象による評価，この3つの利用を提案したい。

　本節では，筆記試験における「手続き的知識」の測定の必要性と「パフォーマンス評価」導入の意義・重要性を述べた。「宣言的知識」に関しては，そもそも，文法知識を独立してテストすることの正当性を疑問視する見方が従来からあった（例 Hughes, 2003）。確かに，Hughes（2003）の「文法知識の有無がそれを使いこなせるかどうかを予測しえないし，また，直接熟達度を測るほうが，テストが学習者の学習に及ぼす影響である波及効果が望ましいものになる」（p. 172，筆者要約），という主張には説得力がある。しかしながら，同時に，日本のような EFL 環境における，「宣言的知識」「明示的知識」の役割も考慮しなければいけない。改訂型 PPP で提案したように，文法に関する「宣言的知識」「明示的知識」の習得は，その後，コミュニケーション能力を習得していく上で大きな役割を果たす

と考えるからである。確かに，コミュニケーションのための文法力という観点から，従来の「宣言的知識」のみを測定し文法力として評価する方法からの脱却は急務であるが，日本の EFL 環境において，どのような知識・技能をどのようなバランスで測定していくべきか，その実用性も含めて今後のさらなる研究が必要であるといえる。

4. 持続可能な教室内でのコミュニケーション活動

本節では中学校での改訂型 PPP に基づいた授業実践例を紹介する。

4.1. はじめに

言語習得には多くの時間と労力が必要なことは周知のところである。したがって，「継続は力なり」のことばの通りに，いかに優れた指導法・学習法であっても，1 回限りや「三日坊主」では，それらの効果が発揮されることは不可能であろう。また，農業で土壌と作物のマッチングが不可欠であるように，指導法・学習法が継続，定着されるためには，それらが学習者の置かれている環境によく適合していることも不可欠である。佐藤他 (2015) は，日本の中学校，高校の現実的な英語学習環境について，「日本における英語は，実際に特殊な状況を除いてはあまり接することのない外国語であること，学校においてもその授業数が非常に限られていること，また，多くの生徒にとって英語は日常生活で使う言語ではなく，受験のための最も重要な教科の 1 つであるという現実があります」と述べている。このような外的環境を変化させることは個人では不可能である。そこで，学習者の内的環境，つまり，英語学習への動機づけや主体性，継続性を向上させる指導の手立てが必要となる。近年，第二言語習得理論に基づく Communicative language teaching (CLT)，Task-based language teaching (TBLT)，Focus on Form (FonF)，さらに，Content and language integrated learning (CLIL) などが注目されている。第二言語習得

理論からの知見や CLT，TBLT などの指導法を否定するわけではないが，これらの指導法・学習法は第二言語習得の環境を前提としているので，日本の公立中学校，高校の生徒の英語学習環境から考えると，「土壌と作物が適合している」とは思われない。土壌に合わない作物は，根付かないで枯れる，根付かせるために無理をして採算が合わない，または，多大な苦労をして収穫した作物が目標の品質に遠く及ばない，のいずれかになることが危惧される。主体的に学び続けることが求められる現代社会において，日本の普通の中高の生徒が置かれている環境に適合し，特別な環境でない普通の教室内で，生徒，教師の双方にとって大きな負担感を与えられずに継続できる持続可能な英語のコミュニケーション活動を追求し，具体化することは喫緊の課題と断言できる。

4.2. 持続可能なコミュニケーション活動の要件

筆者は，提示（Presentation），練習（Practice），産出（Production）の流れを基本としたいわゆる PPP での指導を基本とすることが，日本の中学校，高校の英語の授業に最も適していると考える。つまり，改訂型 PPP にて述べられているように「しっかりと理解をし，十分に練習した上で，コミュニケーション活動を行う」指導過程が実用的で効果的であると思われる。しかし，「中学・高校の英語の授業の現状を見ると実際の PPP の運用において，最後の P がほとんど省略されてしまっているか，重要視されていない」（前節）と指摘されている。そこで，筆者は，日本の公立の中学校，高校の英語の授業内で，生徒にとっても，教師にとっても大きな負担を強いることなく継続的に実践できる持続可能なコミュニケーション活動にはどのような要件が求められるのかを次の 7 点に集約した。

(1) 多くの生徒が達成感，成就感を得られること
(2) 準備が簡単であること
(3) 難易度が調整しやすいこと

(4)　教科書での学習（文法や内容）と関連していること

(5)　活動の過程がシンプルであること

(6)　1 単位時間（50 分）で完結すること

(7)　4 技能（聞くこと，話すこと，読むこと，書くこと）がバラン
　　スよく配合されていること

これらの 7 つの要件を満たしているコミュニケーション活動として，『友
達はどんな子？（Interview with five questions）』と『なりきり記者会見
(Press conference with a famous person)』を紹介する。いずれも，いわ
ゆる PPP にもとづいた指導の最後の P（Production）の初期段階の活動
になる。

4.3.　『友達はどんな子？ (Interview with five questions)』

　1 単位時間（50 分）での指導過程は，(1) 教師が用意した 5 つの質問に
英語で答える（15 分），(2) 生徒がペアでその 5 つの質問を英語でインタ
ビューする（15 分），(3) インタビュー結果を英語で表現する（20 分）の
3 段階で実施される。

(1)　教師が用意した 5 つの質問に英語で答える

　このコミュニケーション活動において教師が行う主な準備は，5 つの質
問を用意することだけである。5 つの質問は，①目標とする文法項目を用
いた 5 つの質問，②教科書本文の内容に関連した 5 つの質問，③異文化
理解を目指す 5 つの質問，④生徒の考えや意見を交換する 5 つの質問，
⑤学校行事などの学校生活を題材にした 5 つの質問，の 5 つのタイプに
分類される。以下に，それぞれのタイプの質問の実践例を提示する。

　①　目標とする文法項目を用いた 5 つの質問

　　（例 1）　目標とする文法項目を未来表現（中学 2 年生相当）として。

　Q1　Are you going to study English tonight?

Q2　Are you going to go shopping next Sunday?

Q3　Will you visit Kyoto next year?

Q4　Will you become a college student?

Q5　Where will you live in the future?

このタイプでは，目標とする文法項目を機械的に反復練習することのみになることを避けるために，実際には追加の質問がされなくても，インタビューをするときに生徒の自己発露がされるような質問を加えておくことが肝要と言える。上記の例では，Q4とQ5は，これらの質問の回答に対して，"Why?"と，さらに問いかけたくなるのではないだろうか。

②　教科書本文の内容に関連した5つの質問

　（例2）　開隆堂 Sunshine English Course 3 Program 2 "Sleep well, Sleep tight" で睡眠の重要性を学習した後で。

Q1　Have you ever felt tired even though you slept long enough?

Q2　Do you have a good sleep every day?

Q3　How long do you usually sleep?

Q4　Do you use your smartphone before going to bed?

Q5　Do you have a nap on weekends?

教科書の内容と生徒の生活経験とを関連付けて問いを設定することが必要である。最近の教科書の題材は，日常生活，学校生活を取り上げたものが多いので作成しやすいタイプと言える。内容的には教科書で既習となるので，インタビューに"メリハリ"をつけるために，通常の疑問文，選択疑問文，wh 疑問文を混在させることを推奨する。

③　異文化理解を目指す5つの質問

　（例3）お正月とクリスマスの比較を題材にして。

Q1　When do you celebrate Christmas (Oshogatsu)?

Q2　What do you call the day before Christmas (Oshogatsu)?

Q3　What do you eat for Christmas (Oshogatsu)？

Q4　What do you receive on Christmas (Oshogatsu)？

Q5　How do you celebrate the end of Christmas (Oshogatsu)？

他のタイプの5つの質問とは異なり，このタイプは，Information-Gapを用いた情報交換となる。これらの質問に対する回答は，ペアとなる相手のシートにあらかじめ記載されている。生徒は，英語で自分の5つの質問を行い，相手から回答を聞き出すことになる。したがって，他のタイプに比較して，生徒の自己関与（involvement）が低くなるために，興味深い題材を扱うことが重要となる。そのためには，教師が普段の生活から異文化に対して意識や関心を高めておくことが必須である。年中行事では，「節分とイースター」，「お盆とハローウィン」などは題材にしやすい。また，「授業や宿題に関すること」，「部活動や放課後の活動」などの日本と英米の学校を比較した題材も生徒にとって興味深いものとなる。ただし，英米の学校は，日本の公立学校ほどの均一性や等質性がないと思われるため，活動に際しては，作成に協力する言語指導助手（以下，ALT）などの学校や地域での状況であることを生徒に提示することを付記したい。

　④　生徒の考えや意見などを交換する5つの質問

　（例4-1）オリンピックを題材として。

Q1　Are you interested in the Olympic games?

Q2　Do you think it was good for the Tokyo Olympics to be held?

Q3　Which Olympic event were you moved by?

Q4　Do you know where the next Olympics will be held?

Q5　Do you hope the Olympics will be held in Japan again?

Do you think ～？Do you hope ～？Do you know ～？Do you agree ～？Do you feel ～？などを用いることで，生徒同士の考えや意見などを

44

交換，共有する質問を作成することができる。また，これらのフレーズの
メリットとして，接続する名詞節内の語順の倒置が発生せずに，主語＋動
詞の語順であるために，生徒が内容を理解しやすいことも指摘できる。た
だし，これらのフレーズに疑問詞を加える場合には，What do you think
〜? How do you feel 〜? と疑問詞が前置されるために，特に中学生に
とっては難易度が上がるように思われる。対策としては，次のように，to
you や for you を用いることを実践している。

　（例 4-2）

　Q1　Do you think pandas are cuter than koalas?

　Q2　Who is kinder to you, Mr. Takano or Mr. Shimizu?

　Q3　Do you think soccer is the most exciting sport of all?

　Q4　Which subject is the most interesting for you?

　Q5　For you, what is as important as yourself?

　⑤　学校行事などの学校生活を題材にした 5 つの質問

　（例 5）　修学旅行を題材として。

　Q1　What were you impressed with in Nara?

　Q2　Where was the most impressive place for you in Kyoto?

　Q3　Where else did you visit in Kyoto?

　Q4　What did you enjoy in the hotel?

　Q5　Do you want to visit Nara and Kyoto again?

学校行事などでの体験が共有されているために，生徒同士の理解が促され
やすい。また，使用される語彙についても，予想しやすくコントロールが
容易と言える。ただし，様々な事情で，学校行事に参加できない生徒も存
在するので，そのような生徒には，「参加した“体”（てい）での内容で」，
「空想や想像での内容で」活動に参加させるなどの配慮が必要となる。

　以上の 5 つのタイプの質問に共通して，教師が生徒の習熟度に応じて

質問の難易度を調整するときに，Yes／No 疑問文と wh 疑問文との割合を
変えることが最も簡明な方法である。また，wh 疑問文を作成するときに
は，生徒の答えを想定しながら，生徒ができるだけ未習語を使わないで答
えられるように作成することも大切なポイントである。なお，生徒が自身
の回答を始める前に教師は回答例を口頭で提示すること，さらに，その回
答の英文を黒板に書くことは，slow learners が回答，およびその後のイ
ンタビューを行うときのモデルとしてとても有効である。

(2)　生徒がペアでその5つの質問を英語でインタビューする

　生徒は机を向かい合わせにして，相互に5つの質問を問い，それらの
質問に回答する。その際，インタビュー相手の答えを日本語，記号，また
は英語でメモするように指導する。最初のペアが終わったら，向かい合わ
せの片方の列の生徒のみが前，または，後ろに1つ動いてペアの相手を
替え，新しい相手で2回目のインタビューをする。生徒の状況によって，
このような相手を替えてのペアでのインタビューを3～5回繰り返す。
質問開始と終了，ペアチェンジの合図は教師の指示よる一斉行動となる
が，最終ペアのときだけは，「終了したペアは机を戻して，自分の席に戻
るように」と指示しておくと，時間的な無駄がなく次の活動に移行できる。

(3)　インタビュー結果を英語で表現する

　インタビューが終わったら，生徒各自のメモをもとに，生徒は自分とイ
ンタビュー相手の回答の相違に注目した英文を書く。その際に，下記の例
にある下線が付された語句などを用いて，英文につながり（結束性）とま
とまり（一貫性）が成り立つように指導する。また，(2)までをハンドア
ウトの表面，(3)を裏面にすると，生徒は表面のメモを一旦短期記憶に入
れて，裏面に英文を書くことになるので，作動記憶（working memory）
の強化の一助になることが期待できる。
　前述の（例1）～（例5）の質問でのインタビュー活動の結果から作った

46

生徒の英文を以下に例示する。なお，生徒の状況に応じて，書く英文の数は調整される。

（例 1）の場合

I will live in Yamanashi in the future.

But Takuya will live in Tokyo in the future.

（例 2）の場合

I have a nap on weekends.

Miki has a nap on weekends, too.

（例 3）の場合

We eat Ozoni for Oshogatsu in Japan. On the other hand, they eat pudding for Christmas in the U.K.

（例 4-1）の場合

I think it was good for the Tokyo Olympics to be held.

Ken also thinks it was good for the Tokyo Olympics to be held.

（例 4-2）の場合

For me, my family is as important as myself.

However, for Mao, her friends are important as herself.

（例 5）の場合

Kinkakuji Temple was the most impressive place for me.

It was the most impressive place for Sakura, too.

　生徒は書き終わったら，教師を呼んでその場で教師に対して自身が作成した英文を発表し，教師は即座に評価をフィードバックする。習熟度が高い生徒に対しては教師が追加の質問をして，即興的な英語でのやりとりを行うことも有効である。

　このコミュニケーション活動は，一人の日本人教師で行うことが可能であるが，できれば ALT や日本人の補助教員，学習支援員などとのティームティーチングで実施されることを強く推奨する。とくに（3）の段階で

はティームティーチングのほうが，よりきめ細かく個に応じた指導，フィードバックが可能となるからである。

4.4. 『なりきり記者会見 (Press conference with a famous person)』

　前述の『友達はどんな子？（Interview with five questions)』と同様に，本コミュニケーション活動も 1 単位時間で完結できるようにデザインされている。指導過程は，(1) 教科書で学習した人物に関する質問を生徒各自で 2 つ考案する（10 分），(2) グループでその人物に対する記者会見のスキットを作成して練習する（15 分），(3) グループごとに記者会見スキットを発表する（25 分）の 3 段階である。なお，教科書で取り上げられた有名人ではなく，教科書の登場人物やキャラクターに対する記者会見も可能である。

(1)　教科書で学習した人物に関する質問を生徒各自で 2 つ考案する

　生徒が作る質問に対して，教師はあらかじめ条件を付けることがポイントである。つまり，1 つ目の質問は教科書の記述内容で答えることができるような質問（① Questions based on the textbook）を，2 つ目の質問はその人物に関する教科書の記述，および教科書内容を理解する際に用いられたその人物に関する補助資料から回答が推測されるような質問（② Questions beyond the description of the textbook）を作るように指示する。1 つ目の質問はほぼすべての生徒が作ることができるが，2 つ目の質問は内容理解や英語表現の習熟度によって差ができる。しかし，後のグループ活動でその差を打ち消すことができるので，敢えてすべての生徒が 2 つ目の質問を作成することにはこだわらない。以下の例は，Sunshine English Course 3 （開隆堂）で Mother Teresa の生涯について学習に基づいた本活動で生徒が作成した質問である。

（例6）注：カッコ内は生徒がつくった回答

① Questions based on the textbook

When is your birthday?　(My birthday is August 26.)

Where did you go when you were 19 years old?

　(I went to India.)

② Questions beyond the description of the textbook

What food do you like?

　(I like curry because I lived in India.)

What do you like to do?

　(I like to talk with children.)

(2)　グループで記者会見のスキットを作成して練習する

　生徒は5～6人のグループになり，各自が作成した2つの質問を持ち寄る。グループの一人が記者からの質問を受ける人物になり，他の4～5人は記者役になって一人が1つ質問をするスキットを作成する。教師は，2つのタイプの質問がバランスよく選定されること，グループの発表が最善になるように役割や質問を決めることを生徒に指導する。また，記者会見での流れのモデルと発表時の留意点も併せて生徒に提示する。

　（例7）　記者会見のモデルと留意点

《モデル》

Interviewer 1:　　May I ask you a question?

Mother Teresa:　Yes, please.

Interviewer 1:　　Where are you from?

Mother Teresa:　I'm from Macedonia.

Interviewer 1:　　Thank you.

Interviewer 2:　　Excuse me.　I have two questions.

Mother Teresa:　Go ahead, please.

Interviewer 2:　　Why did you become a nun?

Mother Teresa:　　Well, I wanted to help many people.

《留意点》

　　・質問を言うとき，答えを言うときは，対話の相手を見て発言する。

　　・「場」をつなぐことば（well, Let's see など）を適切に使う。

　　・お互いに相手を尊重して，感謝の心をもって言葉をやりとりする。

(3)　グループごとに記者会見スキットを発表する

　さて，発表までのグループでの練習は十分にとる必要はない。なぜなら，セリフも全部暗記して完全にスムースな流れの発表会ではなく，即興性の要素を残した記者会見をパフォーマンスすることを意図しているからである。さらに，発表の最後に教師から予告なしでの追加の質問を 1 つ与えると即興性が高まる。なお，追加の質問に対しては，グループ全員が協力して回答してよいことにした。

　聴衆者の生徒たちが発表者のパフォーマンスや態度を評価することはよく見られる手だてだが，本活動では聴衆者には発表の内容や情報に注目させる。聴衆者の生徒たちには，記者会見中は英語，または日本語でメモを取るように指示をする。そのメモをもとに，記者会見で印象に残った内容・情報を，会見終了後に英語の文で書いてもらう。また，内容・情報に注目させたいので，書く英文が会見で使用された語句や構文と同じである必要がないことも指導しておく。教師は机間巡視をして，よく書けている文を全体で共有することも生徒への大切なフィードバックになり，また同時に，他の生徒にとっての良いモデルともなる。以下は「Mother Teresa の記者会見」後に，聴衆の生徒たちが書いた英文の例である。

（例8）

・Mother Teressa likes to talk with children.

・Mother Teressa likes curry.

・Mother Teressa's favorite color is white because she always wears in white.

4.5. 生徒の活動を評価する

　活動や実践が研究会などで発表されると，「その活動，実践の評価はどのようにするのか？」という質問は定番の１つと思われる。学校現場で生徒の学習や進路を左右する重要事項として捉えられている評価は，プロジェクトの終了時の発表，学期の中間や最後に実施される定期テストなどの成果に基づいて行われる総括的評価（summative assessment）を指していることが多い。したがって，先の定番質問も，「その活動の生徒の結果を，A，B，Cや5，4，3…などの評定に，どのように，どのくらい組み込むのか？」という内容に解釈できる。この考えの背景には，生徒の日々の学習は，毎日，毎時に定量化され，その定量化されたものの集積が最終評価に十分に反映させようとする最近の傾向がある。定期テストのみや一回の発表だけで評価するのではなく，生徒の努力の積み重ねや成長の様子を評価に加えることに異論はない。しかしながら，「過ぎたるは及ばざるがごとし」の言葉の通りに弊害もある。例えば，総括的評価の資料とするために，授業の最後に生徒に評価カードへの記入を求め，記入が終わらない生徒は休み時間までカードに記入する。真面目な生徒ほど，丁寧な記入が自身の評価につながる考え，10分間しかない休み時間まで一生懸命に記入している。学校ぐるみで取り組んでいる場合は，ほぼすべての教科のほぼすべての授業でこの状況が繰り返される。

　本章で紹介した『友達はどんな子？（Interview with five questions）』と『なりきり記者会見（Press conference with a famous person）』は，評価に関しては，総括的評価よりも，学習者の活動状況を観察し，学習を促

進させるためにフィードバックをして着実に学習内容が身につけられることを目指す形成的評価（formative assessment）に力点を置いていることを強調したい。

　そのためには，これらのコミュニケーション活動は，ALT や日本人の補助教員，学習支援員などとの 2 名の指導者でのティームティーチングで実施されることが望ましい。なぜなら，複数によって生徒の活動の様子を観察して，生徒の学習の「つまづき」を捉えて，個別対応により適切なフィードバックするだけでなく，想定以上の活動や予想外の良い回答を全体で共有して学習を促進させやすいからである。

　形成的評価重視とはいえ，これらの活動を総括的評価に用いることも十分に可能である。35 名程度までのクラスサイズならば，2 名の指導者によるパフォーマンステストの題材として使用できることも提案したい。具体的には，2 名の指導者が教室の前後のドア付近の廊下で，生徒 1 名ずつと英語でのやり取りをするテストである。『友達はどんな子？（Interview with five questions）』では，5 つの質問のうちのいくつかを問いかけたり，1 つの質問の回答後に，教師から追加の質問や発言をして対話を継続したりする方法である。『なりきり記者会見（Press conference with a famous person）』の場合では，各々の生徒が Mother Terresa 役になり，指導者の質問に答える方法が可能である。いずれの場合も，生徒一人について，35 名のクラスで 2 分程度のテスト時間となり，入れ替え時間を含めても 50 分の 1 単位時間の授業内で実施可能である。

4.6.　むすびに

　武道や芸道などで広く用いられる「守破離」の考え方は，いわゆる PPP の学習法と通じるところがあるように思われてならない。つまり，「守破離」は技量の発達段階を示しており，それらは PPP の各段階が次のように符合すると考えられる。すなわち，「守」＝Presentation では，基礎基本となることをしっかりと学ぶ段階，「破」＝Practice で，基本をふまえ

52

て練習し他者にも学ぶ段階，そして「離」＝Production において，経験を活かして自律的に学習できる段階と考えられる。時代を超えて伝えられる「言葉」には真実や真理が含まれる。なぜなら，その「言葉」は，数百年の時間をかけて，膨大な被験者を対象に検証されたようなもので，十分に実証的，科学的と言えるのではないだろうか。

　日本人の中学生，高校生にとって，英語の学習環境は厳しい。日本語と英語の言語間の距離が大きく学習困難性が大きい上に，教師・生徒ともに多忙である。教師は，本来の任務である教科の授業以外に，部活動指導，行事の準備，環境教育などの時代が求める教育の推進，不登校やいじめへの対応，保護者対応など枚挙に暇がない。一方，生徒も，学校で英語だけを学習しているわけではなく，他の教科も英語と同様に重要である。部活動にも参加する，学校行事の準備もする，習い事や塾に通っている生徒も多い。このような環境で，PPP を基礎とした『友達はどんな子？ (Interview with five questions)』と『なりきり記者会見 (Press conference with a famous person)』が，生徒と教師の両者にとって，持続可能な教室内でのコミュニケーション活動の選択肢の１つとなれば望外の喜びである。

コラム①　英語の歌を使った授業

　偶然ラジオから流れてきた「抱きしめたい」，それに続く「ツイストアンドシャウト」に大きな衝撃を受け，夢中になってビートルズを聞き始めたのは，筆者が中学１年の夏でした。実は当時，英語は苦手科目で，授業にもあまり興味を持てないでいたのですが，ビートルズをはじめとする洋楽を聞くようになり少しずつ苦手意識が消えていったように思います（残念ながら，得意科目にはなりませんでしたが）。今思うと，あの日ビートルズに出会わなければ，英語教師としての今の自分がなかったわけで，英語の曲の影響の大きさを思い返しているところです。

　さて，読者の皆さんの中には英語の歌を授業で取り入れている方も多い

と思います。かくゆう私も授業でビートルズやカーペンターズの曲を用い
ることがあります。効用としては，スクリプトを見ながら集中して聞く
Intensive listening と多少は聞き取れなくても全体の内容を聞き取るとい
う Extensive listening を上手く組み合わせ，繰り返して聞くことにより
リスニング力の向上が期待できます。また，教科書とは違う新鮮かつ魅力
的な英語に触れることにより，学習者の英語への興味・関心を喚起すると
ともに，洋楽の歌詞やその背景にある文化に触れさせることもできます。
さらには歌詞を利用してアウトプット活動につなげることも可能です。で
はビートルズの Help を例に，具体的にみていきたいと思います。

Help　**by Beatles**

(Help!) I need (somebody)

(Help!) Not just (anybody)

(Help!) You know I need (someone)

(Help!)

When I was younger so much younger (than) today

I never needed anybody's help in any way

But now these days are gone, I'm not so self-assured

　（自信が無くなってしまった）

Now I find I've changed my mind and opened up the (doors)

Help me if you can, I'm feeling down

And I do appreciate you being 'round　（appreciate「感謝する」）

Help me get my feet back on the ground

Won't you please, please help me?

And now my life has changed in oh so (many ways)

My independence seems to vanish in the haze

　（independence「自立心」vanish「消える」the haze「煙霧」）

But every now and then I feel so insecure　（insecure「不安」）

I know that I just need you like I've never done before

Help me if you can, I'm feeling down

54

And I do appreciate you being 'round

Help me get my feet back on the ground

Won't you please, please help me?

When I was younger so much younger (than) today

I never needed anybody's help in any way

But now these days are gone, I'm not so self-assured

Now I find I've changed my mind and opened up the (doors)

Help me if you can, I'm feeling down

And I do appreciate you being round

Help me get my feet back on the ground

Won't you please, please help me?

Help me? Help me? Ooh

活動例として以下が考えられます。

1) 一度曲を聞いて，全体の大体の意味をとらえる。(Extensive listening)

2) 空欄の穴埋めをする。(Intensive listening)

3) 英語の特徴的現象である Liaison（連鎖），Elision（脱落），Assimilation（同化）等について説明し，練習する。

例："I need somebody"（脱落）"help in any way"（連鎖））"Won't you please, please help me?（同化）

4) 自分の言葉で日本語に訳する。

例："When I was younger so much younger than today, I never needed anybody's help in any way"

5) 英語特有の表現の意味を考える。

例：Help me get my feet back on the ground とはどういうことか？

6) 歌詞を用いて英作文し，ペアで活動する。

例："Help me if you can, I'm feeling down" を参考に Help me if you can, I... に続けて自由に作文をしてみよう。次

にペアになり，やり取りしてみよう。

   7)　全員で合唱する。

さらには音読や歌詞の書き換え等，様々な活動が考えられます。選曲に関
しては，学生目線で流行りを選んでもいいですし，長い間愛され続けてい
る歴史的名曲でもいいかと思います。歌詞とメロディーを楽しみ，小さな
感動を覚えながら，英語を学んでいければいいですね。

第2章　EFL 環境下での語彙指導

　本章では，日常生活での英語使用場面が少ない日本のような EFL 環境下で，どのように語彙指導を行えばよいかについて取り扱う。文法指導に比べると，日本の英語教育で語彙指導が体系的・効率的に行われてきたとは言い難い。理由の1つは，日本の英語教育が長年文法中心で行われてきたことにある。学習指導要領である程度教えるべき事項が示されているため，中学校・高等学校用の検定教科書は文法シラバスで構成されており，扱う文法事項はほぼ共通している。一方語彙に関しては学習指導要領で教えるべき語数は示されているものの，どういった語彙項目を扱うべきかの指針ははっきりと示されていない。教科書に掲載される語彙は教科書によってかなり異なっている（相澤，2010）のが現状である。もう1つの大きな理由は，限られた授業時間の中で，扱うべき語彙項目が多すぎることである。2017 年から順次告示された現行の学習指導要領では，小学校での英語の教科化を受けて，指導すべき語彙が大幅に増加した。それまでは中学校で 1,200 語，高校で最大 1,800 語，計 3,000 語を指導することになっていたが，現行の学習指導要領では小学校で 600 語から 700 語，中学校で 1,600 語から 1,800 語，高校で 1,800 語から 2,500 語，計 4,000 語から 5,000 語を取り扱うことになっている。限られた授業時間の中では，1つ1つの語を丁寧に扱っている時間はない。以上の理由から，学校では

汎用的に使える文法知識を与えることに重点を置き，語彙学習は個人の努力に任せるというのが，長年暗黙の了解で行われてきたのである。

　しかし語彙を知らなければ何も表現はできない（Wilkins, 1972）し，文法というパターンに単語というパーツを当てはめればコミュニケーションが可能というほど単純ではない（Sinclair, 1991）。1980年代の終わりから，第二言語における語彙習得研究が飛躍的に増加し，その知見が蓄積してきている（Nation, 2013）。また，語彙研究に関しては長年の研究成果がある認知心理学の知見を応用しようとする動きも高まっている。そうした知見を教室の語彙指導に取り入れることで，特に授業数を増やさなくても語彙指導の効果を上げることは可能である。本章では，こうした研究の知見を基に，日本の英語授業内で実施できる5つの提案をしたいと思う。これらは授業時間を増やさなくとも指導のやり方を少し変えるだけで実現できるものである。

語彙指導における5つの提案

1. 高頻度語を教える
2. 繰り返し（分散学習）を保証する
3. テスト効果（想起練習）を取り入れる
4. 付随的学習を併用する
5. 最高頻度2,000語を発表語彙にする

---

1. 高頻度語を教える

1.1. 高頻度語の重要性

　教室で時間をかけて教えるべき語は，話しことばや書きことばで繰り返し使用される**高頻度語（high-frequency words）**に限るべきである（Milton, 2009; Nation, 2013）。英語には百万とも2百万ともいわれる単語が存

在する（Schmitt & Schmitt, 2020）が，そのほとんどは我々が一生でほぼ出会うことのない単語である。実に少数の繰り返し使用される語が，日常の話しことばや書きことばの大部分を占めるのである。少数の語彙が日常使用されることばの大部分を示す法則として，Nation (2013) は心理言語学者の George Zipf が提唱した「ジップの法則（Zipf's Law）」を紹介している。どんなテキストでもたいていは少数の高頻度語が頻繁に登場する。登場する語を頻度順に並べてみると，その頻度は指数関数的に減少するので，その登場順位と登場頻度を掛け合わせると，常に一定した数値になるという法則である。例えばあるテキストで頻度 1 位の単語が 1,000 回登場するとすれば，頻度 2 位の単語は 500 回程度，頻度 3 位の単語は 333 回程度登場するということになる。このように登場回数は下に行くにつれて急激に減少する。実際のコミュニケーションも同様であり，どんな言語でも少数の高頻度語が繰り返し登場するのである。したがって，教師が教室で取り上げる価値がある語は高頻度語のみということになる。

　では英語の語彙のうち何語知っていれば何ができることになるのであろうか。この議論をする上で考えなければならないことが 2 つある。1 つ目は単語を「知っている」にもさまざまな段階があるということである。音声を聞いたり，綴りを見たりしてその語の意味が分かる受容語彙（receptive vocabulary）の段階から，実際に自分で話したり書いたりするのに使える発表語彙（productive vocabulary）の間には実に様々な段階がある。前者から後者の段階に持っていくには，単語の文法的特性や，他のどの語と結びつくかというコロケーション知識，どういう場面で使えるのかという使用上の制約なども知らなければならない。2 つ目は，数え方によって知っている単語数も大きく変わるということである。辞書のように基本形に加えて屈折形をまとめて 1 語として数える方式をレマ（lemma）という。decide という語であれば decides, decided, deciding という屈折形も併せて 1 語として数える。屈折形に加えて別品詞の派生語もまとめて 1 語として数える方式を語族（word family）という。上記の decide で言えば

屈折形に加えて decisive, decision も加えて 1 語と数える。同じ数の単語を数えても，レマ方式と語族方式では大きく異なってくる。レマは語族のおおよそ 1.6 倍から 2 倍になるとも言われる (Laufer, 1992)。英語によって何かを伝えるために，どの程度の発表語彙が必要かということを論じるのは難しい。場面や必要性によって大きく異なるからだ。How much? とか I love you." など数語を知っていれば事足りる場合もある。したがって，本章では英語で発せられる談話（ある程度の長さを持ったテキスト）を理解する上でどの程度の受容語彙が必要かを，語族によって示すことにする。

あるテキストに未知の単語があっても，文脈からの類推で理解できるためには，最低限そのテキストの 95％の語彙を知っていなければならないと言われる (Laufer, 1992)。Van Zeeland と Schmitt (2013) は，話しことばのコーパスを調査し，日常の話しことばを 95％理解するためには 2,000 から 3,000 語族が必要であるとしている。しかしニュース番組や映画，講義などのより複雑な内容を理解するにはもっと多くの語彙が必要である。Nation (2006) はこうした複雑な内容を理解するにはテキストの 98％の語彙を理解する必要があり，そのためには 6,000 から 7,000 語族に固有名詞の知識が必要としている。

読むことに関しては，Laufer と Ravenhorst-Kalovski (2010) がかなり広範囲な調査を行っている。この研究によれば多くのテキストの 95％を理解するためには 4,000 から 5,000 語族が必要であり，98％を理解するには 8,000 語族が必要としている。これは Nation (2006) の，広範囲な読み物を理解するには 8,000 から 9,000 語族が必要であるとする主張とほぼ呼応する。以上をまとめると，英語による日常的な会話を理解するには聞いて意味が分かる受容語彙が 2,000 から 3,000 語族必要であり，英語で書かれた書物を理解するには，綴りを見て意味が分かる受容語彙が 6,000 から 9,000 語族必要であることになる。

現行の学習指導要領では小中高で合計 4,000 語から 5,000 語を導入する

ことになっているが，ここで問題になるのはこれがレマなのか語族なのか
が示されていないことである。実際の教科書に収録された語彙や，日本人
学習者の実態を考えると，レマであると考えるのが無難であろう。語彙サ
イズに関しては，語彙研究者も英語ネイティブの場合は語族で数えてもよ
い（Nation, 2016）が，L2 学習者の場合はレマが適切である（Gardner, 2013;
Kremmel, 2016; Schmitt, 2010）としている。学習指導要領で示された 4,000
から 5,000 という数がレマだと仮定すれば，語族では 2,000 語から 3,000
語程度ということになる。これらの語が受容的に理解できれば，話しこと
ばでは日常的な会話は何とか理解が可能であり，書きことばでは学習者用
の読み物などの簡単なものが理解できるということになるだろう。

　Nation（2013）ではこの 3,000 語族までを高頻度語と定義しており，こ
れで標準的なテキストの 94 〜 95％はカバーできるとしている。続く
4,000 語レベルから 9,000 語レベルまでの 6,000 語族は中頻度語（mid-fre-
quency words）と定義し，これらでテキストの 3 〜 4％をカバーする。残
りすべての語が低頻度語（low-frequency words）であり，これらの語は
いくら学んでもテキストのカバー率はほとんど上がらない。**学校で扱うべ
きはコミュニケーションで繰り返し活躍する高頻度語 3,000 語族なのであ
る**。後の単語はそれぞれの学習者が進む道に応じて学ぶべきものであり，
その選択は個人に任せるべきだろう。

　検定教科書は基本的に高頻度語を使用している。教師は教科書に登場す
る語をまずは生徒に受容的に理解させることが必要である。しかし内容に
よってはあまり日常では使われない低頻度語が含まれていることもある。
原則は**「高頻度語のみに時間をかける」**である。教える価値のある語だけ
をリストにして，個人やペアで取り組ませる。低頻度語に関しては教師が
意味を与え，時間をかけずに済ませる。このようにして，教科書に登場す
る 3,000 語族を受容語彙とし，できれば最高頻度の 2,000 語族を発表語彙
にしてあげることが，今の日本の英語教育での目指すべき目標ではないか
と思う。

1.2. 高頻度語かどうかを判断する

　上記で述べたように，授業では高頻度語に時間をかけるようにし，固有名詞などの低頻度語は教師が意味を与えるなどして時間をかけずに済ませると良い。ここで大切なのが高頻度語かどうかの判断である。教えるべき単語かどうかの判断に迷う場合は，(a) 学習者用辞書，(b) 信頼できる語彙リスト，(c) 頻度を判断してくれるウェブサイトが提供する頻度情報を活用すると良いだろう。

(a)　学習者用辞書

　英和辞書，英英辞書を問わず，学習者用の辞書にはたいてい頻度情報がついている。まずは手持ちの学習者辞書に当たるのが良い。例えば『ジーニアス英和辞典 第5版』(大修館書店) では，使用頻度に応じて＊マークを付与している。最高頻度の 1,150 語には 3 つ (中学校レベル)，続く 3,150 語に 2 つ (高校レベル)，それに続く 5,300 語 (大学生・社会人レベル) に 1 つ＊マークを付け，その他の語には印を付けていない。3 つマークが付いている単語は最重要の単語でぜひ発表語彙までにしたい単語であり，2 つマークの語は最低限受容語彙として覚えさせたい単語である。1 つマークもしくは無印の場合は，教室であまり時間をかけるべき単語ではない。

　学習者用の英英辞書として定評のある *Longman Dictionary of Contemporary English* (通称 LDCE, 6th Ed., Pearson Education Limited) では，話しことばと書き言葉の両方の頻度情報が載っている。話し言葉の最高頻度 3,000 語が 1,000 語毎に上から S1，S2，S3 と表記され，書き言葉では W1，W2，W3 と表記される。「許す・許可する」という意味を表す allow には S1 と W1 というマークがついているが，permit には W3 というマークしかついていない。これは allow が話し言葉と書き言葉両方でよく使用される日常語なのに対し，permit は主に法律文書などの書きことばに登場するやや硬い響きの語であることを示している。

(b)　信頼できる語彙リスト

　次に参照すべきは，多くの英語教師や学習者に使われてきた学習者用語彙リストであろう。頻度情報に基づいた最高頻度の 2,000 語族を収録した初のリストで，長年世界で参照されてきたのが *the General Service List of English Words*（GSL）（West, 1953）である。ただし発行以来長い年月が経ったため，近年このリストを改訂したものがいくつか発表されている。その中でも著名なのは *the New General Service List*（new-GSL）（Brezina & Gablasova, 2015）であろう。どちらも最高頻度 2,000 を参照するためには信頼できるリストである。この 2,000 語族に続くリストとしてよく参照されるのが the Academic Word List（AWL）（Coxhead, 2000）である。主に学術雑誌等のコーパスから広い範囲で使われる 560 語族を抽出した語彙リストである。少ない語数でありながら効率よく学術誌などのカバー率を上げてくれるリストである。GSL と AWL に含まれている語彙であれば，十分学校で教える価値がある単語と言えるだろう。

　日本人学習者用の語彙リストとして広く用いられているのが『JACET 8000』（大学英語教育学会，2003）とその改訂版の『新 JACET 8000』（大学英語教育学会，2016）である。前者はイギリスのコーパス British National Corpus（BNC）を，後者は BNC に加えて Corpus of Contemporary American English（COCA）をベースとし，様々な日本人向け樹英語教材の情報を加味して作られた語彙リストである。どちらもレマ換算で頻度順に 8,000 語を収録しており，小中高だけでなく大学での英語授業でも参照できるリストと言える。

(c)　頻度を判断してくれるウェブサイト

　インターネット上には単語をコピーして貼り付けると，その単語の頻度情報を教えてくれるウェブサイトがいくつか無料で公開されている（中田，2019）。最もよく使用されているものにケベック大学モントリオール校の Tom Cobb 教授が開発した VocabProfiler（https://www.lextutor.ca/vp/comp）

がある。デフォルトの状態（2021 年 8 月現在）では BNC と COCA を
ベースにして最高頻度の 1000 語レベル（K-1）から 1,000 語間隔で
25,000 語レベル（K-25）までのどの頻度帯に単語が属しているかを教え
てくれる。頻度を知りたい単語をサイトの所定の窓に張り付け，SUB-
MIT_window というボタンをクリックするだけで良い。新たに現れるウ
インドウで単語の頻度帯を教えてくれる。まとまった文章を貼り付けれ
ば，どの頻度帯の語がそのテキストの何パーセントを占めるかも教えてく
れるので，その文章が自分の生徒に読ませるべき英文かどうかを判断する
のにも重宝する。頻度情報を CLASSIC に変更すれば，上述の GSL と
AWL に基づいた頻度を教えてくれる。

　先ほどの日本人向け学習者語彙リストである『新 JACET 8000』に基づ
いた頻度が知りたければ，関西大学の水本篤先生が開発した New Word
Level Checker（https://nwlc.pythonanywhere.com）を使用すると良い。『新
JACET 8000』に加えて，SVL 12000, The New General Service List
(NGSL), CEFR-J Wordlist という別の語彙リストに基づいて，英単語の
語彙レベルを調べることもできる。

　教科書にある単語を教えるべきかどうか悩む場合は，ここに示したツー
ルをぜひ活用してほしい。限られた時間で効率よく教えるためには，教師
の判断が重要である。教科書に載っているすべての語に時間を割くのでは
なく，コミュニケーションで使い勝手の良い高頻度語に時間をかけてほし
い。

2. 繰り返しを保証する

2.1. 何度繰り返せばよいか

　語彙学習は累積的なものであり，同じ語彙項目に様々な文脈で出会うこ
とで少しずつ増えていくものである（Schmitt, 2000）。したがって，語彙学
習においては**繰り返しが欠かせない**（Milton, 2009; Nation, 2013）。英語母

語話者であれば，自然なコミュニケーションの中で同じ語彙項目に何度も出会うことができる。メッセージの理解を中心としながら，語彙の知識を付随的に得ることができる。これを**付随的語彙学習**と言う。一方，英語を外国語として学習する EFL 学習者には，このように潤沢なインプットは望めない。単語カードや単語リストを通じて，意図的に語彙知識を増やしていくことが欠かせない。これを**意図的語彙学習**と言う。特に初学者には，L2 の目標語に意味を示す L1 語を結び付けて覚えるペア結合学習（Paired-associate learning）などを通して，形式（音声・綴り）と意味を結びつけることが重要である。Communicative language teaching（CLT）や Task-based language teaching（TBLT）においてはこうした脱文脈的な教え方は自然ではないとしてしばしば否定されるが，そもそも単語の意味が分からなければ自然な文脈から学ぶのは困難である。EFL 環境においては，学習者が付随的語彙学習を利用できるようになるために，ある程度意図的なペア結合学習などの方法を用いるべきであろう（Kasahara, 2015; Kasahara & Yanagisawa, 2021）。

　意図的で分析的な学習が開始される中学校以降では，特に語彙リストなどを用いた L1-L2 ペア結合学習を効率的に使用することを勧める。ここで問題になるのが，何度繰り返せばある程度の形式と意味のつながりが形成されるかということである。こうした回数を調査した研究はいくつかあり，個人差もある（Tinkham, 1993）が，6 回から 7 回繰り返すとある程度の学習効果が確認できるようである（Crothers & Suppes, 1967; Kachroo, 1967）。Nakata（2017）では参加者にペア結合学習の回数を 1 回，3 回，5 回，7 回と変えて単語の意味を覚えてもらったところ，1, 3 回と 5, 7 回の間に有意な差があったことを報告している。形式と意味のつながりに限定して考えると，これ以上繰り返してもあまり効果は上がらないと言えるかもしれない。したがって，教室でペア結合学習を行う場合，**少なくとも 6, 7 回の繰り返しを保証することが重要である。**

66

2.2. 分散して繰り返す

　日本の英語授業における語彙指導の最大の問題点は，繰り返しが保証されていないことである。たいていの検定教科書の1レッスンは3つか4つのセクションで構成されており，いくつかの教えるべき文法項目がある。中学校における典型的な授業計画は，1時間目に文法項目1を扱い，2時間目には本文のセクション1を扱う，というように進んでいく。単語に関しては2時間目にセクション1の単語を扱い，4時間目にはセクション2の単語を扱う，といった具合である。1時間で少数の単語を導入し，また別の時間に新しい単語を導入するというように，同じ項目について間隔をあけて繰り返して取り組む時間が確保されていないのが現状である。これでは語彙は定着しない。本節では，1レッスンの1時間目で学習させたい語をまとめてリストにして配布し，そのレッスン中の毎時間5分程度を使って繰り返し学習させるというやり方を提案する。まずは1レッスン用の単語リストを作成する。ここでは佐藤（2021）による語彙リストを紹介する。

表1：佐藤（2021）に基づいた1レッスン分の語彙リスト（一部）

Unit 6. Words and Phrases						
	Japanese	5. Fifth	4. Fourth	3. Third	2. Second	1. First	English
1	言語，ことば						language
2	アジアの						Asian
3	生徒，学生						student
4	平日						weekday
5	週末						weekend
6	古い						old
7	美しい						beautiful
8	たくさんのいいコメント						a lot of nice comment
9	何か質問はありますか						Does anyone have any questions?
10	….						

　リストには 1 レッスン分の生徒に覚えてもらいたい高頻度語をすべて載せるようにする。語だけでなく，覚えてもらいたい句，イディオムやまとまった表現があればかたまりとして載せる。一番左側に日本語訳，一番右側に英語語彙を配置する。日本語→英語の流れにするのは，日本語訳ではなく英語を産出するのが常に最終目的だという意識を生徒に持ってもらうためである（靜, 2009）。上記のリストは 1 レッスンを 5 時間かけて教える授業計画に対応している。最初の時間に生徒にこのリストを配布し，教師が発音の見本を示して，生徒にリピートさせる。次に自分で発音できるかどうか確認させる。2 時間目から 5 時間目までは授業冒頭の 5 分くらいを使用して，個人やペアで日本語を見て英語が言えるようになるように練習させる（このやり方については 3.1 節で詳述する）。毎時間練習が終わった後で，各項目を書かせる時間をとる。例えば 1 時間目なら「1. First」の列と「English」の列の間で折り返させ，英語を見えないようにしてから日本語を見て「1. First」の列に対応する英語を書かせる。書き終わったら折ったリストを開き，英語を見て間違った箇所や書けなかった項目を赤ペンで書かせる。2 時間目は練習が終わったら，今度は「2. Second」と「1. First」の間を折り返させてまた英語を書かせ，赤ペンで添削させる。3 時間目は「3. Third」と「2. Second」の間，4 時間目は「4. Fourth」と「3. Third」の間，5 時間目は「5. Fifth」と「4. Fourth」の間を折り返させて，同様に書かせる。間違ったり書けなかったりした項目を赤ペンで書かせるのは，次第に書ける項目が増えているという実感を生徒にも持たせるためである。次第に赤の部分が少なくなっていれば，生徒は学びが進んでいるという実感が持てる。こうした小さな達成感の積み重ねが，継続の必要な語彙学習には大切である。

　上記で紹介したように，同じ項目について間隔をあけて繰り返し学習するやり方を「**分散学習（distributed learning** または **spaced learning）**」と言う。一方，従来のように同じ項目を一度の機会で集中的に学習する方法を「**集中学習（massed learning）**」と言う。分散学習のほうが集中学習

よりも学んだ項目の長期記憶に効果的であることが，多くの心理学実験で分かっている（Karpicke & Roediger, 2007 などを参照）。学習時や直後のテストなどでは集中学習が分散学習を上回るため，多くの学習者が集中学習を好む傾向にある。しかし集中学習では学習した項目が短期記憶に入っただけで，すぐに消えてしまう浅い記憶にしかならないのである。時間が経過しても学んだ項目をすぐに取り出すためには，その項目を長期記憶に移行させる必要がある。それには分散学習が適している。長期記憶のためにはこうした分散学習が有効であることを説明し，ぜひこうした分散学習用の語彙リストを使い，生徒にその効果を実感させてもらいたい。

3. テスト効果（想起練習）を取り入れる

3.1. 個人及びペアでの想起練習

2.2 で紹介したリストを使い，個人やペアで練習をさせるときには「テスト効果（想起練習）」をうまく取り入れることが重要である。テスト効果とは，学んだ項目を覚えているかどうかをテストすることで，学んだ項目の長期的な保持が向上する現象をさす（Karpicke & Roediger, 2007; Halamish & Bjork, 2011 など）。一度記憶の中に入れた項目を再び取り出そうとする行為を想起練習（retrieval practice）と言う。この想起練習によってその項目の記憶の痕跡は深くなり，短期記憶から長期記憶への移行を助けるのである。この点で，一方に英単語，裏面に意味を載せた単語カードは優れたツールだと言える。学習者に常に想起練習を要求することになるからである（Kanayama & Kasahara, 2015）。

語彙リストを使った場合の想起練習方法を以下に説明する。前段階として，まずは生徒が英単語を見てきちんと発音できるようにしなければならない。レッスンの１時間目はここを重点的に指導する。教師が見本を示し，生徒にリピートさせる。次に発音できるかどうか生徒自身に確認させる。生徒を全員立たせ，リストの上から下までの単語を順に発音させる。

次に座った状態で再び発音させる。最初に立たせるのは，教師が読み上げるのが遅い生徒を見つけ，援助するためである。また，座ってもう一回発音させるのは，教室が静かになって読み上げが遅い生徒が途中でやめてしまうのを防ぐためである。これが終わったら，教師がランダムに日本語訳を読み上げ，生徒に対応する英語を発音させる。

　2 時間目からは想起練習を中心にする。前節で述べた L1-L2 リストによる語彙のペア結合学習では，L1（意味）か L2（形式）のどちらか一方を隠し，もう一方を思い出させて言わせることで想起練習が生まれる。タイマーを使用して各活動を 1 分程度で済ませるようにする。基本的な進め方を以下に示す。

(1)　個人練習 L2 → L1。日本語訳の列を裏に折り返して見えないようにし，英単語を発音し，その日本語訳を言う。

(2)　個人練習 L1 → L2。英単語の列を折り返して見えないようにし，日本語を見て対応する英単語を言う。

(3)　ペア練習 L2 → L1。じゃんけんで勝ったほうだけがリストを見て，もう片方は見てはいけないことにする。勝ったほうは英単語をランダムに読み上げ，相手に日本語の意味を言わせる。役割を交代してもう一度行う。

(4)　ペア練習 L1 → L2。今度はリストを見ているほうが日本語訳を言い，相手が対応する英単語を言う。役割を交代してもう一度行う。

　このように練習させれば毎回 6 回程度の繰り返しを保証できる。生徒がかなり覚えてきたら，時間を短くしたり，L2 → L1 の活動を省いたりしても良い。生徒の実態に合わせて柔軟にやり方を変えてもらいたい。

3.2.　テストが先，復習は後

　前の時間で導入した単語をテストする場合，(a)「先に復習をして，そ

れからテストする」のと，（b）「テストしてから復習する」のではどちらが良いであろうか。もちろんテストの点数が良くなるのは（a）である。生徒に自信を持たせるために（a）の順番をとる場合もあるだろう。しかし，**長期的な記憶の保持には断然（b）のほうが良いのである**（Kanayama & Kasahara, 2018; Kasahara & Kanayama, 2021）。（b）の場合，間隔をあけてから想起しなければならないので，生徒には負担がかかる。長期記憶のテストとなり，得点は（a）の場合より低くなるだろう。しかしこの負荷が長期記憶への移行・保持を促進するのである。Bjork（1999）これを「**望ましい困難（desirable difficulty）**」と呼んでいる。逆に（a）の場合は短期記憶をテストしていることになるので，学習負担は高くない。復習中に学習者がすべてを学んだと思い込み，「**学習が上手くいっているという錯覚（illusion of successful learning）**」（中田, 2019）に陥ってしまう。自信過剰になり，復習時間も最後のほうに行くと集中力が落ちてしまいがちである。先にテストを行えば，忘れていること（＝長期記憶にまだ移行していないこと）を自覚でき，自分が自信過剰になることを防ぐことができる。その後の復習も集中して取り組むことができる。

　したがって，本章で説明している分散学習でも，毎時間先に復習せずにすぐに想起練習（テスト）に入ったほうが良い。2.3.1 節で述べた個人及びペアによる想起練習に取り組ませ，続いて 2.2.2 節で述べたように L2 語を見ずに綴りを書かせる。それから実際の綴りを見て修正させたほうが，長期的に意味と形式のつながりを保持できるのである。人間は短期的な利益にとびつくものであるが，失敗するほうが結果的には長期的な成功につながることを教えてあげてもらいたい。最初から完璧を目指さず，少しずつ覚えていけば良いという姿勢で指導するのが良いだろう。

4.　付随的学習を併用する

4.1.　意図的語彙学習と付随的語彙学習

　前節までは主に意図的に単語の意味と形式をつなぐ活動について述べて
きた。これは単語を聞いたり見たりして意味が分かるという受容知識を広
げる活動である。言い換えれば語彙の広さ（語彙サイズ）を大きくするこ
とが目的である。この受容的に分かる語を，実際に自分で使える発表語彙
にするためには，実際のコミュニケーション活動などでアウトプットさせ
ることも大切だ。それとともに，大量のインプットを通して文脈の中でど
の語がどう使われているのかを知る必要がある。使うためには語彙の深
さ，すなわちコロケーション，文法的制約，使用域などを知る必要がある
からだ。ここに付随的語彙学習の役割がある。まとまったテキストを聞い
たり読んだりして，メッセージを理解するとともに，付随的に語彙の知識
を深めていくことである。

　意図的語彙学習と付随的語彙学習は相互補完的な関係にある（Nation,
2013）が，その比率は学習環境によって大きく異なる。英語が母語である
場合，基本的な高頻度語は子供時代にほぼ付随的学習によって獲得され
る。意図的学習が始まるのはおそらく学校に通うようになってからだろう
が，その比率は大きくはないだろう。移民など人生の途中で英語を第二言
語として日常使わなくてはならなくなった人にとっては，両者の割合は
半々かもしれない。学校で意図的に学び，生活の場で付随的に学んでい
く。日本など英語を外国語として学ぶ場合は，付随的学習を進めるために
はかなり意図的学習に頼らざるを得ないであろう。前節などで述べたよう
に，語彙リストなどを用いて意図的に語彙サイズを大きくしてやる必要が
ある。同時に，付随的学習を進めるため，教室内の英語によるインプット
を増やしてやる必要がある。教師がふんだんに英語を使用したり，教科書
以外の英語教材を持ち込んで生徒に聞かせたり読ませたりしてあげると良
いだろう。

しかし，授業時間は限られている。授業内ではペアワークやグループワークを多用し，英語による言語活動を通して知っている語彙をどんどん使わせるべきであろう。後は教室外での生徒の自主的な学習を促すことだ。付随的学習に有効な教材を紹介し，時には授業とも連動させて，生徒が自主的に英語のインプットを受けようとする姿勢を育てていきたい。インターネットの発達のおかげで，現在は無料で使用できる英語の教材があふれるほどある。英語のインプットを求めて短波ラジオで海外の番組を聞いていた時代とは隔世の感がある。次節で小中高の学生向けとして有効なインプット源をいくつか紹介する。

4.2. 付随的学習を促進するインプット源

(a) NHK ラジオの英会話番組

「聞くこと」のインプットを増やし，効率よく学ぶためにこれほど優れた番組はないだろう。またこれほどコストパフォーマンスの優れた教材はないと思う。毎月 500 円ほどのテキストを購入し，1 日 15 分を投資するだけで，継続さえすれば大きな費用対効果が得られる。レベル別に番組設定がされており，各番組とも週 3 回から 5 回の放送がある。テキスト中には意図的に日常で頻出する表現がちりばめられており，検定教科書では学べない日常表現を効率的に吸収することができる。例えば読者の皆さんは以下の表現を即座に英語で言えるだろうか。

---

1. （かき氷などを食べて）頭がキーンとする。
2. 彼は自業自得だ。
3. 昨日はデートをすっぽかしてごめんね。
4. 私は恥を忍んで助けを求めた。
5. それも世の流れだね。

以上はすべて NHK の英会話番組に出てきた表現である。解答は以下のとおり。

---

1. I've got a brain freeze.
2. He got what he asked for.
3. Sorry I stood you up yesterday.
4. I swallowed my pride and asked for help.
5. It's a sign of the times.

　こうした簡単だがなかなか出てこない口語の定型表現を数多く学ぶことができるのが，こうした番組の良いところである。

　熟達度に応じて自分に合ったものを選べるところも良い。2022 年現在，小学生対象には「小学生の基礎英語」が用意されている。中学生には「中学生の基礎英語レベル 1」，「中学生の基礎英語レベル 2」，「中学生の基礎英語 in English」の 3 レベルがあり，CFER でいうとおおよそ初級の A1 から A2 に相当する。高校生以上であれば，中級レベルの「ラジオ英会話」（B1 レベル）がお勧めである。単語力の増強には「ボキャブライダー」が効率的だ。また，英語が得意な生徒であれば，中上級（B2 ～ C1 レベル）の「ラジオビジネス英語」を進めてもいいだろう。授業で紹介して聴取を進めたり，投げ込み教材として授業内で活用したりできる。現在ではスマートフォン用のアプリ「NHK ゴガク」をダウンロードすれば過去 1 週間の番組がいつでもどこでも聞くことができる。生徒も他教科の勉強や部活動で忙しいだろうが，通学途中に聞くなどすき間時間を利用して，聞くことを習慣づけるよう勧めてほしい。

(b)　Graded Readers (GR)

　「読むこと」のインプットも増やしたいが，学習者にネイティブ向けのペーパーバックは難易度が高すぎる。そこで活用したいのがレベルに応じ

て使用語彙を制限した薄い読み物であるグレイデッド・リーダー（GR）だ。現在よく使用されているシリーズには以下のようなものがある。

・Pearson English Readers（旧 Penguin Readers）
・Oxford Bookworms
・Macmillan English Readers
・Cambridge English Readers
・Ladder Series

どの出版社も Starter と呼ばれる 300 語ぐらいに絞った読み物から 3000 語レベルくらいまでの読み物まで，6，7 段階にレベル分けをしている。可能であれば多読教材としてある程度学校の図書館などに揃え，生徒に自由に選ばせて読ませたいものである（現在は電子図書化されているタイトルも多い）。

多読の大きな目的の 1 つは，流暢性（読むスピード）を伸ばすことにある。語彙学習の観点からいえば，すでに意味が分かる語彙が様々な文脈で使われている場面に遭遇し，少しずつ語彙知識を深めていくのに適している。したがって，生徒に選ばせるときは，最初のページを読んで意味が分かるもの，かつ自分が面白いと思うもの，を選ばせるべきである。できればテキストの98%の語彙（最低でも95%）を知っていることが望ましい。辞書などに頼らずどんどん読み進めていけるものを選ぶように指導してほしい。

また，インターネット上には無料で読める GR を揃えたサイトもある。代表的なサイトに Free Graded Readers（https://freegradedreaders.com）がある。多読研究で有名な Richard Day などが主催する The Extensive Reading Foundation が運営しており，初級から上級まで各レベルの GR が複数揃えられている。こうした無料サイトもぜひ活用してもらいたい。なお，GR ではないが，著作権の切れた過去の小説などを収録した Project Gutenberg（https://freegradedreaders.com）というサイトは，2021 年 8 月現在で 6 万ものタイトルを揃えた素晴らしいサイトである。「不思議の国のアリス」，「シャーロックホームズの冒険」，「高慢と偏見」など 50 年以上前に書かれた名作であればすべてを無料で読むことができる。登録などの手続きも一切必要がない。さらにかなりの作品に音声テキストがついている。こちらはぜひ英語の先生方に活用していただきたい。

(c)　インターネット上のニュース番組等

　かなり熟達度が上がってきた学習者には，インターネット上に無数に存在する英語学習番組を上手に利用することを進めてもよいだろう。ここでは継続した学習をするのに便利なポッドキャスト（podcast）上のニュース番組等を紹介する。ポッドキャストはネット上で音声や動画ファイルを配信してくれるシステムで，好きな番組を登録すれば更新のたびに新しいエピソードを自動でダウンロードしてくれる。継続的な学習に大変便利だ。

　まず日本人英語学習者におすすめなのが NHK World Radio Japan である。海外ニュースも取り扱うが，主に日本国内のニュースを世界に発信するための番組である。日本人であればニュースの背景知識があるため，理解しやすい。またニュースでよく使用される表現が英語でどのように言われるのかを学ぶことができる。世界のニュースに関心があれば，BBC World News がお勧めである。毎日世界で起こった主要なニュースをコンパクトかつ的確に伝えてくれる。ニュース以外でお勧めなのが TED Talks Daily である。世の中の様々な話題について，魅力的な話し手が上手に伝えてくれる。プレゼンテーションの仕方を学ぶのにも勉強になる。音声版とビデオ版の両方がある。興味のある話題を選んで視聴すると良い。

　ポッドキャストだけでなく，YouTube 上にも無数の英語学習動画が存在するので，自分に合った番組を選んで視聴してほしい。本当に英語のイ

ンプットが手軽に得られる時代となった。学校で意図的に学んだ語彙を，学校外のインプットで付随的に学習するというサイクルができれば理想的である。そうすれば学校を卒業した後も，自律的学習者として英語学習を継続できる人になるだろう。

5. 最高頻度 2,000 語を発表語彙にする

5.1. アウトプット活動を取り入れる

2.1 でも述べたが，英語で最も多く使われる最高頻度の 2,000 語は，学習者にとってスピーキング・ライティングでも使える発表語彙にしてあげたい。受容語彙から発表語彙にするためには，音声を聞いたり綴りを見たりして意味が思い浮かぶだけでは不十分で，さらに語彙知識を深める必要がある。Nation（2001）は語彙知識の「深さ」という概念を形式，意味，使用という 3 つの下位範疇に分類し，それぞれに受容知識と発表知識があるとしている（表 2）。

表 2：Nation による語彙知識の分類（2001, p. 27 より）

形式	音声	（受容）その語はどのように聞こえるか
		（発表）その語はどのように発音するか
	綴り	（受容）その語はどのように見えるか
		（発表）その語の綴りをどのように書くか
	語の構成	（受容）その語の中にはどのような構成部分が認識できるか
		（発表）その語の意味を表すにはどのような構成部分が必要か
意味	形式と意味	（受容）その語の形式はどのような意味を表すのか
		（発表）その意味を表すにはどんな形式が必要か
	概念と指示	（受容）その語の概念には何が含まれているか
		（発表）その概念が指し示すものは何か
	連想	（受容）その語からどのような他の語が連想されるか
		（発表）この語を使う代わりに他のどのような語が使用できるか
使用	文法的機能	（受容）その語はどのようなパターンで現れるか
		（発表）その語はどのようなパターンを要求するか
	コロケーション	（受容）その語はどのような語彙とともに現れるか
		（発表）その語とともに用いなければならない語彙は何か
	使用の制限	（受容）どこで，いつ，どのくらいその語に出会うことが期待されるか
		（発表）どこで，いつ，どのくらいその語を使用することができるか

　語彙を使うためには上記すべての発表知識を習得しなければならないわけではない。しかし，少なくとも伝えたいメッセージを音声化したり文字化したりするためには「形式」中の「音声」と「綴り」の発表知識が必要である。また，正しい運用のためには「使用」における「文法的機能」，「コロケーション」，「使用の制限」についても知っておきたい。しかし，限られた授業時間ではこれらすべてを体系的かつ演繹的に教えるのは不可能で

ある。教師にできることは，まずペアやグループでのアウトプット活動を
通して生徒に学んだ語彙を使わせることである。更には活動から見える問
題点に関して，語彙の使用に関する適切なフィードバックを与えることだ
ろう。

　まずは毎時間何らかのアウトプット活動を取り入れたい。授業はまず教
師が英語の small talk で開始し，次にペアでその話題について話させる。
文法事項を改訂型 PPP で指導する場合は，必ず Production の時間を設
け，意味のあるコミュニケーション活動をさせる。教科書の文章を読ませ
た後は，決まった答えのない open questions を与えてペアやグループで
話し合わせる。もちろんアウトプットの前に十分に英語のインプットを与
えることは必須だが，生徒が英語で表現する場を常に設けておきたい。ア
ウトプットさせることによって生徒は何ができて何ができないかを把握す
ることができる（Swain, 1985）し，教師も適切なフィードバックを与える
こともできるのである。

　こうしたアウトプット活動の 1 つとしてぜひ取り入れてほしいのが「パ
ラフレーズ活動」である（笠原，2015，p. 85）。教師が提示した単語を，ペ
アの一人が英語で説明し，それを聞いた相手にその単語を言わせるゲーム
形式の活動である。以下の手順で行う。

(1)　生徒をペアにし，一人だけが黒板を見て，もう一人は目をつぶ
　　るよう指示する。

(2)　教師は既習の単語（前時に学んだ教科書中の高頻度語など）を
　　いくつか黒板に板書する。黒板を見ている生徒に，その単語を
　　言わずに英語で相手に説明するように指示する。ジェスチャー
　　は使用禁止であることを伝える。

(3)　生徒を全員立たせ，1 分間などと時間を決めて英語で説明をさ
　　せる。相手が黒板に書いた単語をすべて言えたら，二人とも
　　座ってよいことにする。

　レベルを変えると小中高のどの生徒に対しても行える活動である。活動終了後にはうまくいったペアにどのように表現したか発表させたり，説明に使える構造やコロケーションなどを教師が説明したりして，発表知識を高めると良いであろう。高校生であれば提示した語を *Oxford Advanced Learner's Dictionary* (OALD) や *Longman Dictionary of Contemporary English* (LDCE) のような学習者用の英英辞典で引かせてみると良い。これらの辞書は高頻度の 2,000 語程度で定義を示しているので，学習者が発表知識を深めるのに大変参考になる。例えば OALD (9th Ed.) で computer を引くと "an electronic machine that can store, organize and find information, do calculations and control other machines" という定義が載っている。物を説明するには関係節が便利なことや，store / organize / find information といったコロケーションなども学ぶことができる。初中級の学習者に対して英英辞典を使用させるには，まず知っている単語を引かせ，既知の単語の発表知識を深めることから始めるとよい (磐崎, 2011)。知らない単語を引かせると，定義の英文が理解できないため挫折してしまうことが多いが，知っている単語ならその定義の意味を類推できるからである。

　宿題も英語のアウトプットを中心としたものにする。授業で生徒に英文を読ませ，英語のやり取りで内容確認をし，音読やリテリングを行ったとする。その後で英文の日本語訳が載ったプリントを生徒に配布し，ノートの左側に貼らせる。家に帰ったらその日本語訳だけを見て，右側に英文を書かせるようにする。終わったら教科書を開いて比較し，間違った部分を赤ペンで修正させる。このように復習で英語を産出させることを日課にすれば，生徒の発表語彙知識も深まっていくだろう。昔は教科書の英文をノートの右側に書かせ，左側に日本語を書かせるという予習がよく行われていたが，これは百害あって一利なしである。意味が分からない英文をコピーさせることは時間の無駄だ。意味の分かったものを英文で再生させるよう，復習中心で進めるべきである。

5.2. 発表知識を伸ばすフィードバックを与える

　生徒がペアやグループでアウトプット活動を行っているときは，教師は机間巡視を通して観察をする。その際に躓いている部分や共通する間違い等を見つけたら，活動後に共有して生徒に気づきを促していくと良いだろう。特に発表知識を伸ばしていくために，上記の Nation（2001）の語彙知識の分類で「使用」に分類されている 3 つの範疇について明示的に指導することが効果的である。以下その 3 つの範疇における指導について説明する。

(a)　文法的機能

　文法的機能とは，特定の語彙項目が特定の統語的パターンをとることを指す。同じ統語的パターンをとる語彙項目は似た意味をとる傾向にある（Hunston et al., 1997）。そうした似た傾向を持つ語がいくつか登場した時点で，その共通性に気づかせるような指導を行うといいだろう。例えば，目的語に動名詞をとる動詞には，いつもやっていること，過去のこと，どちらかといえばやりたくないこと，を意味する動詞が多い（avoid, finish, postpone, stop 等）が，不定詞をとる動詞は未来のこと，やりたいこと（decide, hope, promise, want 等）を意味する動詞が多いなどである。他の人に何かやってもらいたいことを示す動詞（ask, order, persuade, tell, want 等）は SVO＋to 不定詞のパターンをとるが，何かをやめさせたいことを示す動詞（keep, dissuade, prevent, stop 等）は SVO＋from ～ ing のパターンをとる，もこの延長線上にある。同じパターンの例がいくつか導入された時点で生徒の注意を向けるようにすると，生徒自身がこうしたパターンを使っていくことを後押しする。

(b)　コロケーション

　ある単語がどのような単語と共に使用されるかというコロケーションにも，折に触れて注意を向けさせたい。とくに学習者は L1 のコロケーショ

ン知識をそのまま L2 に持ち込む傾向がある (Nesselhauf, 2003, 2005) ので，日本語と英語で異なるコロケーションをとる場合について指導するといいだろう。例えば日本語では「強い風」とも「強い雨」とも言うことができる。しかし英語では strong wind と言うことはできるが，雨の場合は strong rain とはあまり言わず，heavy rain と言う方が普通である。「写真を撮る」は take a picture だが，「映画を撮る」は make a movie である。日本語とは異なるコロケーション (do damage, take a shower, pitch a tent, strike a balance, throw a party 等) が登場したら，そこに生徒の注意を向けさせるとよいだろう。また「傘をさす」，「辞書を引く」，「うそをつく」といった表現の場合は，「傘を開く (open an umbrella)」，「辞書を使う (use a dictionary)」，「うそを言う (tell a lie)」というように英語に近い日本語で言い換えてあげるのも良い。

　新語を導入する場合，よく使われるコロケーションも一緒に導入すれば発表知識を育てるのに役立つ。その際，既知語と結び付けて 2 語の組み合わせにすると，新語の保持と再生に役立つことも分かっている (Kasa-hara, 2010, 2011)。コロケーションは恣意的なものなので，なぜそういう組み合わせになるのかは説明できない場合が多い。間違いを厳しく指摘するより，徐々に英語らしい発話となるよう，繰り返し気づきを促していく方が良いだろう。

(c)　使用の制限

　使用の制限とは，ある単語が主にどのような場面で用いられるのという使用域 (register) や，どのくらい頻繁に用いられるのかという頻度 (fre-quency) のことを指す。立場上失礼な物言いや，日常会話にそぐわない言い方などが見られた場合に生徒の注意を引くといいだろう。例えば人にものを頼むとき，Will you 〜? や Can you 〜? は友達にはいいが，目上の人には Could you 〜? を使ったほうがいいなどは，中学段階から指導しても良いだろう。その他 could と was/were able to の違い，will と be going to の違いなどについても明示的に指導してもよいであろう。

5.3. 流暢性を上げる

　学んだ語を発表語彙にするためには，素早く使えるようにする，すなわち流暢性を上げることも大切である。Nation (2007) は，語学の授業には意味中心のインプット (Meaning-focused input)，意味中心のアウトプット (Meaning-focused output)，言語形式中心の学習 (Language-focused learning)，そして流暢性の伸長 (fluency development) という４つの場面のバランスを考えて指導する必要があるとしている。日本の英語教育に決定的に欠けているのが４番目の流暢性の伸長である。学んだ単語を場面に応じて即座に使えるようなトレーニングを意識的に授業に入れていかなければ，真にコミュニケーションで使える語彙にはならない。具体的には，同じタスクにより厳しい時間制限をつけ，状況や設定を少しずつ変えて行うことである。例えば生徒が１分間である程度の自己紹介が英語でできるようになったら，相手を替えて同じことを50秒でさせる。それができるようになったら，また相手を替えて40秒でさせる，などである。こうしたスピードアップを意識したタスクを随時取り入れてもらいたい。制限時間を短くすること，タスクにある程度のバリエーションを持たせることが継続のコツである。授業で繰り返し行う帯活動などを通じて，生徒の流暢性を伸ばしてもらいたい。

　語彙習得には時間がかかる。語彙知識は累加的，漸増的に進んでいくものである。英語の基本的な高頻度語を学ぶためには，教室内だけでなく教室外の時間も利用して継続的に取り組んでいく必要がある。小さな成功体験を積み重ねることで，生徒が自律的な語彙学習者になるよう支援していくべきだ。本章で述べた５つの提案は，授業時間を増やさなくても語彙指導の質を上げることに貢献するものだと思う。うまく活用して，生徒の英語語彙力をあげてほしい。

コラム②　SDGs と英語教育

　最近は英語の授業と SDGs（Sustainable Development Goals＝持続可能な開発目標）を関連付けた実践に注目が集まっています。SDGs とは国や個人，企業やあらゆる世界中の団体が協力してよりよい未来を作るために 2030 年までに達成すべきと国連が定めた 17 の目標です。例えば，目標 1 から 4 までは「貧困をなくそう」「飢餓をゼロに」「すべての人に健康と福祉を」「質の高い教育をみんなに」となり，英語教育の大きな目標の 1 つが英語で世界中の人々とコミュニケーションし，世界平和を実現することであるとするなら，両者は非常に整合性が高いといえます。実際に中高の検定教科書においても，環境問題や人権問題，世界平和などについて多く扱われており，そのような素材を読んで考え，自らの考えをまとめる活動なども実践されていることと思います。これからの世界を担っていく生徒たちに SDGs を英語で学んでもらうことは，非常に価値のあることだといえるでしょう。むしろ SDGs を通じて，よりよい社会の実現のために英語を学ぶべきという考えもあるかもしれません。しかしながら，英語教育における第一義は，英語の知識技能の習得と英語運用能力の伸長であるべきと筆者は考えます。内容ばかりに注意がいき，肝心の英語力向上が達成できなければ，本末転倒ですし，また，限られた英語力から，本来，伝え合うべき内容ではなく，極度に単純化された表層的なやり取りになってしまったらこれも SDGs 学習としては成立しません。「SDGs で英語学習を」，理想的な理念ですが，無理して二兎を追い，一兎も得られないのであれば意味がありません。言語学習に集中すること，SGDs に関しての重要な深い議論は日本語で行うことも大切です。ただ，後者の場合は果たして英語の授業で行うべきなのかは個人的には疑問に思いますが…「SDGs を英語で学ぶ」，十分に検討した上で周到に準備し，効果的な授業を実現させたいものです。

84

コラム③　音声指導

　大学の「中等学校英語科教育法」という授業の一部を使って，学生に英語の音声トレーニングを行っています。気になるのが，中学高校を通じて体系的な英語の音声指導を受けてきた学生はほぼ皆無であるということです。文字の書き方は習ってくるのに，英語らしい音の出し方を習っていないのは問題であると常々思ってきました。小学生であれば明示的な指導がなくても聞いた音を自然に真似ることができますが，思春期を過ぎると難しくなります。段階を踏んで英語の音声に慣れさせ，自らも英語らしく発音できるようにするような指導が必要です。以下に4段階から成る音声指導を紹介します。

(1)　音素レベルの指導

　アルファベットの「エイ，ビー，シー」は文字の名前であり，実際の単語の中では「ア，ブ，ク」のような発音になる，いわゆる「アブク読み」を教えましょう。ABC の歌をアブク読みで歌わせたり，アブク読みによるカルタ取りなどを行ったりするといいでしょう。次に日本語にはない音素（[l], [r], [θ] など）を練習させます。靜（2006）の『English あいうえお』はこうした音素を練習できる楽しい本です。

(2)　単語レベルの指導

　単語を発音させるときは，音のカタマリである音節を意識させましょう。アルファベット一文字は一音素を表しますが，ひらがな・カタカナは一文字で一音節（モーラ）を表します。例えば strike という単語は一音節ですが，「ストライク」とカタカナで書くと5音節になってしまいます。cat も一音節ですが「キャット」と書くと2音節です。こうした単語はすべて「ポン」と一息で発音するように意識させます（靜，2009）。2音節以上ある単語は，どこに強勢があるかを意識させます。強勢のある音節は長く高く，ない音節は短く低く発音させます。stud・y であれば「ポン・ポ」というリズムで，ar・rive であれば「ポ・ポン」というリズムで練習させ

ます。won・der・ful なら「ポン・ポ・ポ」です。英単語とカタカナ語では
カタマリが全く違うことを意識させ，英語らしい発音とリズムになるよ
うに練習させましょう。

(3)　文レベルの指導

　英語では強勢のある部分が長く高く，ない部分は短く低く発音されま
す。文になるとさらに，この<u>強勢が等間隔で現れるように発音されます。</u>
このように英語は強勢を中心としたリズム（stress-timed rhythm）を持っ
ています。一方日本語はすべての音節に等しい長さと強さを与える音節を
中心としたリズム（syllable-timed rhythm）になります。英文を読ませる
ときは，この英語のリズムで読ませるように指導します。下の 3 文を見て
ください。

   a)　Su**s**an ta**l**ks to b**o**ys.

   b)　Su**s**an ta**l**ked to a b**o**y.

   c)　Su**s**an is ta**l**king with her b**o**yfriend.

　ふつう内容語（名詞・動詞・形容詞・副詞）には強勢が置かれ，機能語
（前置詞・接続詞など）には強勢は置かれません。上の 3 文では太字のと
ころに強勢があります。日本人にこの 3 文を音読させると，下に行くほど
長い時間がかかるでしょう。しかし，「ポン・ポン・ポン」と，この黒字
の部分が同じタイミングで現れるように，<u>3 文とも同じ長さになるように
読ませます</u>。c）では太字と太字の間により多くの部分がありますが，こ
こがすごく弱く速く読まれるのです。手拍子などで 3 文とも同じリズムで
読めるよう練習させます。

(4)　音の変化についての指導

　日本語話者は口先で音を発生させ，一音一音をスタッカートのように
切って発音する傾向があります。英語話者は喉から音を連続して発生させ
ます。この連続した発声によって，日本語では起こりえない音の変化（崩
れ）が起こります。代表的なものに以下の 5 つがあります。

86

a) Contraction （短縮）： 2 語が短縮して 1 語のように発音される（I'll）

b) Reduction （弱化）：強勢のない母音がすごく弱くなる（memory）

c) Elison （消失）：[p][t][k][b][d][g] は子音の前，文末で消える。(a bad boy)

d) Liaison （連結）： 語を超えて母音と子音が連結する（Take it easy!）

e) Assimilation （同化）： [t] は母音に挟まれると弱い [d] に近くなる（letter）

　音読をさせるときに，こうした音の変化に注意させて練習させます。英語の歌を歌うのもいいトレーニングになります。最近は YouTube にこうした音の変化を扱った動画がたくさんありますので，活用してみるといいでしょう。

第3章　分散スパイラル学習・帯学習

　日本の英語教育に決定的に欠けているものは,「繰り返しの保証」である。語彙や文法を理解している状態から, 実際に使える状態までになるにはかなりの隔たりがある。伝統的に「分かる」ことを重視し, 解説に時間を割いてきたのが日本の英語教育だったと言える。第2章で述べた Nation (2007) の語学教育における4つの場面 (1. 意味中心のインプット, 2. 意味中心のアウトプット, 3. 言語形式中心の学習, 4. 流暢性の伸長) で言えば, 文法や語彙などを明示的に説明する3の「言語形式中心の学習」の比重が大きい授業を展開してきた。そして決定的に無視されてきたのが4の「流暢性の伸長」である。しかし今の英語授業に求められるのは, 生徒が学んだ項目をコミュニケーションで使えるようにしてあげることである。そのためには, 同じ項目を含むインプットを繰り返し与え, 練習や言語活動を通してその項目を繰り返しアウトプットする場面を設定しなければならない。さらに授業の4分の1は流暢性を伸ばすための活動に充てなければ, 生徒は学んだ項目を使えるようにはならないのだ。まさに "Use it or lose it." なのである。

　しかし授業時間は増やせない。教える項目は増えるばかりである。とても流暢性を伸ばすことに時間など割けないという先生方の声が聞こえてきそうだ。そこで本章で提案するのが分散学習の導入である。第2章でも

述べたが，同じ学習項目を複数の学習機会に分け，間隔をあけて学習するのが分散学習である。これに対して，1回の学習項目を1回の学習機会で丁寧に時間をかけて扱うのが集中学習である。集中学習は短期的にはいい結果を残すが，長期記憶に残すには良いやり方ではない。分散学習は学んだ項目を長期記憶に移行させ，素早く使えるようにするために効果的な学習方法である（Karpicke & Roediger, 2007 など）。この分散学習をうまく取り入れ，成果を上げているのが「5ラウンドシステム」（金谷他，2017）である。これは1冊の教科書を年5回通しで繰り返して指導するやり方だ。最初のレッスンから最後のレッスンまでを，1回目はリスニング中心，2回目で音声と文字を結び付ける活動，3回目は音読中心，4回目は空所のあるハンドアウトで音読，最後の一回りでは自分の言葉で教科書の内容をリテリングするという形で進めていく。間隔をあけて同じレッスンを5回学習することになり，分散学習の利点を効果的に利用している。

　最初は音声中心で進め，しだいに文字を入れた指導へとラウンドごとに進んでいく「5ラウンドシステム」は，中学校1年生には理想的と言える。音声中心の小学校英語から，文字指導の比重が高まる中学校英語への橋渡しとして適しているからだ。しかしある程度音声と文字の結びつきが分かるようになってくる中学2年生以上では，もう少し4技能を統合した形の指導へ移行してもいいかもしれない。また，「5ラウンドシステム」を導入するためには，学校全体の同意や，少なくとも同じ学年を持つ英語教師の同意が必要である。そこで学校事情等でこうしたやり方ができない教師のために，従来通りレッスン順に教科書を進めながらも，レッスン内で繰り返しを保証する「分散スパイラル学習」（笠原，2019）を本章の前半で提案する。このやり方は一人でも導入が可能であるし，早い段階から4技能統合型の授業ができる。具体的なやり方について以下に述べていく。

　また，2節ではこの「分散スパイラル学習」の考え方を「帯学習」を通して実現してきた実践を紹介する。帯学習によって繰り返しを保証し，学んだ項目を生徒が実際に使えるようになるまで指導を行ってきた。この実

践は取り組みやすく，どんな学校でも実践可能なものである。また，第 1
章で提案した改訂型 PPP との整合性も高い。ぜひ自分なりにアレンジし
て，日々の実践に取り入れてもらいたい。3 節では動機付けの研究者によ
る動機付け理論基にした繰り返し学習活動を提案する。生徒の動機付けの
観点からも「繰り返し」の重要性について考えていただければと思う。

1.　分散スパイラル型授業計画

　日本の中学・高校の英語検定教科書は基本的に文法シラバスで構成され
ている。1 冊が 10 ～ 12 のレッスン（ユニット）で構成され，1 つのレッ
スンは 3 つ程度のパートに分かれ，それぞれに教えるべき文法項目が設
定されている。例えば中学 1 年生ではどの教科書にも 3 人称単数現在の
-s を扱うレッスンがある。Part 1 では肯定文（He lives in Australia.），
Part 2 では疑問文（Does he live in Australia?），Part 3 では否定文（He
does not live in Japan.）をそれぞれ扱うというのが典型的な構成だろう。
多くの教師が表 1 のような従来型の指導計画（allotment）を立てると思わ
れる。この場合，文法事項 1 つに 1 時間，各パートの本文に 1 時間とい
うペースで，「肯定文」→「Part 1 本文」→「疑問文」→「Part 2 本文」→
「否定文」→「Part 3 本文」→「まとめ・発表活動」と進むやり方である。
これは典型的な集中学習の指導計画である。生徒は時間内で指導された内
容を理解できるかもしれないが，繰り返しが保証されていないため，実際
に使えるところまで到達しにくい。一方「分散スパイラル学習」では，1
時間目で指導すべき項目をすべて導入してしまう。その後は帯学習の時間
である「スパイラルタイム」を使用し，導入した語彙や文法事項について
毎時間少しずつ内容を変えながら練習をする。残りの時間は音読やコミュ
ニケーションを中心とした活動にあて（表 2 参照），最後の発表活動へとつ
ないでいく。以下「1 時間目の授業」，「スパイラルタイム」，「音読活動」，
「アウトプット活動」，「全体のリテリング」，「発表活動」についてそれぞ

90

れ説明する。

表1：従来型の授業計画

1時間目	文法事項1（肯定文 He lives in Australia.）
2時間目	**Part 1 本文**
3時間目	文法事項2（疑問文 Does he live in Australia?）
4時間目	**Part 2 本文**
5時間目	文法事項3（否定文 He does not live in Australia.）
6時間目	**Part 3 本文**
7時間目	まとめ・発表準備
8時間目	発表活動

表2：分散スパイラル学習による授業計画

1時間目	レッスン全文のリスニング・概要確認（文法事項導入）・語彙項目導入
2時間目	スパイラルタイム1　**Part 1 本文音読**　アウトプット活動
3時間目	スパイラルタイム2　**Part 2 本文音読**　アウトプット活動
4時間目	スパイラルタイム3　**Part 3 本文音読**　アウトプット活動
5時間目	スパイラルタイム4　本文全文穴あき音読
6時間目	スパイラルタイム5　レッスン全体のリテリング
7時間目	スパイラルタイム6　まとめ・発表準備
8時間目	発表活動

1.1. レッスン最初（1時間目）の授業（すべてを導入）

1.1.1. レッスン全文のリスニング

　教科書を閉じさせ，生徒にレッスン全文の音声を聞かせる。何人登場するか（How many people are there in the story?），何の話題か（What is the topic of the passage?）など概要に関わる質問を与えて聞かせるとよい。聞き終わったら質問の答えをペアで話させ，全体で確認する。他に何か聞き取れた情報がないかまたペアやグループで話させ，全体で共有す

る。次にもう一度全文を聞かせ，さらに分かったことがあるかペアやグループで話させ，また全体で共有する。

　次にレッスンの内容を表している絵を何枚か掲示し，どういう順番でその場面が現れるかと尋ねてからまた全文を聞かせる。ペアでどういう順番になるかを話し合わせた後，全体で答え合わせをする。正しい順番であるかどうかをもう一度全文を聞かせて確認させる。このように生徒が注意する点を少しずつ変えながら，繰り返し聞かせることが大切である。

1.1.2.　概要確認（文法事項導入）

　英問英答のオーラル・インタラクションの形でレッスンの概要について教師が質問し，生徒に答えさせる。この際，意図的に指導すべき文法事項を取り上げて導入する。3 人称単数の文が指導事項であれば，肯定文，疑問文，否定文をすべてインプットする。ただし繰り返しインプットするだけで，この時点では生徒に完全な理解を求めない。明示的に説明するとしても簡単なものに留めておく。詳しい明示的指導は 2 時間目以降で適宜行う。

1.1.3.　語彙項目導入

　第 2 章 2.2 節で紹介したように，このレッスンで生徒に身につけてほしい英単語，表現を 1 枚のリストにして生徒に配布する。教員が発音のモデルを聞かせて，生徒にリピートさせる。あとは第 2 章の 3.1 節で説明した通り，時間を与えて，生徒に文字を見て発音できるかを確認させる。立った状態で 1 回，次に座った状態でもう 1 回すべての項目を発音させる。発音できない生徒には適宜教師が支援をする。

　1 時間目ではこうしてレッスン全体の音声，文法事項，語彙項目をすべて導入するが，完全理解は求めない。生徒には繰り返し取り組むうちにだんだん分かるようになるので，心配はいらないと伝えておく。時間が残れば音声と文字を一致させる活動を行ってもよい。教科書を開かせ，もう

一度全文を聞かせながら，音声で流れている部分を指でなぞらせてみる。

1.2. スパイラルタイム（2時間目以降）

　2時間目からは授業冒頭の15分程度を用い，ルーティン化した活動を繰り返し行うことで語彙や分布事項の定着を図る。いわゆる帯活動と同じものである。流暢性が上がってきたら時間を短くしたり，難易度を上げたりして変化を付けることが大切である。ここでは英語一般の流暢性を上げる活動，語彙を定着させる活動，文法事項を定着させる活動の3つを取り上げる。その他の活動例に関しては後半の「帯活動」も参考にしてほしい。どういった活動をどの程度行うかはレッスンの目的や生徒の定着度に応じて適宜変更してもらいたい。

1.2.1. 英語一般の流暢性を上げる活動

（a）　スモールトーク

　身近な話題についてまず教師が英語で話し，次に同じ話題をペアで話させてみる。中学校の最初の段階なら "What food / sport / music do you like?" "Are you a dog person or a cat person?" "Are you a morning person or a night person?" などの身近な話題が適しているだろう。高校生くらいになれば，"Who do you think are good leaders? What characteristics do they have in common?" "If you could ask God one thing, what would you like to ask?" など話題を広げていくといいだろう。

（b）　Tongue Twisters （早口言葉）

　英語の早口言葉を授業の口慣らしに使ってみてほしい。教師が見本を見せ，練習したら，ペアで試させてみる。インターネット上で tongue twisters と検索すれば限りなく出てくるので，使えそうなものを選んで試してみるといいだろう。以下に有名なものをいくつか挙げておく。

- Don't trouble trouble till trouble troubles you.
- He threw three free throws.
- How much wood would a woodchuck chuck if a woodchuck could chuck wood?
- She sells sea shells by the seashore.
- Ted fed Fred bread and Fred fed Ted bread.
- The rain in Spain stays mainly in the plain.

(c)　English Songs

　生徒のレベルに合わせて歌いやすい1曲を選び，そのレッスンを学習している間は繰り返し歌わせてみるのもよい。そのレッスンで登場する文法事項を含んでいたり，テーマに関連していたりする曲であれば授業への移行がスムーズになる。音の崩れなどを意識させて歌わせると，スピーキングの流暢性を上げることへつながる。

1.2.2.　語彙を定着させる活動

　1時間目に導入した語彙リストを用い，時間を決めてペアで練習させる。詳細は第2章の3.1節を参照してほしい。大切なのは想起練習を取り入れることである。一人はリストを見ずに，パートナーの発した英単語を聞いてその意味を言ったり，日本語の意味を聞いて英単語を言ったりするようにする。

　ペア活動の後は，リストを折り返して単語が見えない状態にし，日本語から英単語を書かせる。お互いに素早く言えるようになってきたら，今後は一人がリストを見て単語をパラフレーズし，相手にその単語を言わせてもよい（第2章5.1節を参照）。

1.2.3. 文法項目を定着させる活動

(a) パターン・プラクティス

　タスク中心の言語教授法などでは，形式重視で実際の使用に結びつかないとして否定されがちなのがパターン・プラクティスである。しかし第1章でも述べられている通り，実際の使用場面に乏しい EFL 環境では十分使う価値のある練習方法だと筆者は考える。短時間に限定し，時には意味も介在させて行えば十分に効果的な活動になり得る。特に上記で取り上げた3人称単数現在の -s などは，理解はできても即座に使うことができるようになるまでに時間のかかる項目である。こんな項目に対してはパターン・プラクティスを有効に使うとよい。一例として，表3のようなワークシートを用いたペアによるパターン・プラクティスを紹介する。一番左の列には主語，2列目から5列目の一番上の行には動詞，その下の行には目的語が並んでいる。これを組み合わせて3単現の文をたくさん言わせる。1回の活動は1分程度とし，終わったら役割を交代してもう一度行わせる。

表3：スパイラル・ワークシート

	like	study	want	drink
Saki	judo	English	a cat	tea
Kota	soccer	science	a dog	coffee
Deepa	music	math	a new guitar	latte
Alex	anime	Japanese	a DVD	coke
Haruki	surfing	history	an iPad	milk

・肯定文の練習

　ペアの一人（A）が主語と目的語を言う。それを聞いた相手（B）は動詞を加えて文を完成させて言う。

（例）　A:　Saki, judo　　→　B:　Saki likes judo.

　　　　A:　Alex, a DVD　→　B:　Alex wants a DVD.

・疑問文と否定文の練習

　ペアの一人が疑問文を作り，相手に答えさせる。動詞と目的語の列が一致していれば Yes で答え，一致していなければ No で答えさせる。Yes の後には肯定文で全文を，No の後に否定文で全文を言わせる。

（例）　A:　Does Kota drink coffee?　　　→　B:　Yes. He drinks coffee.

　　　　A:　Does Deepa study Japanese?　→　B:　No. She doesn't study Japanese.

(b)　Find something in common

　その時の学習事項となっている文法事項を使ってペアでお互いに質問させる（例 Which do you like better, A or B? Have you ever been to ～ ? Is it interesting for you to study English?）1 分などと時間を決めて行い，どれだけ共通点が見つかるか競わせる。

(c)　穴埋めスキット

　学習した文法事項を含んだ短いスキットを作成し，ペアで会話させる。スキットの一部を穴あきとして，その部分は生徒に自由に言わせてみる。

（例 1）　A:　What（　　　　）do you like?

　　　　　B:　（　　　　）. How about you?

　　　　　A:　（　　　　）.

（例 2）　A:　I respect people who（　　　　）. How about you?

　　　　　B:　I respect people who（　　　　）.

そのほかにもいろいろ工夫して試してほしい。続けるコツは，うまくなってきたら時間制限を厳しくしたり，内容を多少難しくしたりすることである。また，できれば単なるオウム返しではなく，意味の介在するやり取りができるような活動を考えてもらいたい。

1.2.4. 音読活動（2時間目以降）

2時間目以降は各パートの本文を使って音読活動を入れていく。音読は「読む」というインプット活動から「話す」というアウトプット活動への橋渡しのための活動である。音読活動を成功させるには，**「内容理解が済んでから行うこと」**，**「目的を持たせて行うこと」の2点を守ること**である。まずは生徒に内容理解をさせてから行う。オーラル・インタラクションによって英問英答によるやり取りで理解させる，質問を与えてから黙読させ，全体で答えを確認するなどの活動を通し，十分に内容理解をさせてから行うことが大切である。次に音読の後にはリプロダクション，リテリング，要約などのアウトプット活動を必ず設定し，そのために練習しているのだという意識を持たせることも大切だ。ただ無目的に音読を行うと，生徒は次第に声を出さなくなる。音読は意味の分かったものを英語の音声として表現するためのトレーニングなのだということを生徒には理解させることが成功のカギとなる。アウトプットさせるためにはやり方を少しずつ変えながら，繰り返し音読させる。次第に本文を見なくても英語が出てくるようになるように指導する。以下に様々な音読のバリエーションを紹介する。巻末の付録で紹介されているものは，そちらも参照してもらいたい。

(a) コーラス・リーディング (**Chorus Reading**)

教師が意味のまとまりごとに教科書を読み上げ，続いてクラス全体でリピートさせる。この時に発音上気をつけるべきことについて適宜指示を与える。個々の音素，単語の音節，音の変化などについて，教えるべき点を

絞って指導する。

(b)　バズ・リーディング (Buzz Reading)

　次に個人で教科書を音読させる。まずは立った状態で 1 回，続いて座った状態でもう 1 回音読させる。こうすれば速く読める生徒と遅い生徒の区別がつくので，苦戦している生徒のところへ行って援助するとよい。たくさん読ませたい場合は，立った状態で 1 回読み終えたら 90 度向きを変え 4 回読ませる「四方読み」（金谷他，2017）をさせてもいいだろう。

(c)　オーバーラッピング (Overlapping)

　CD もしくは教師の読み上げと同時に，生徒に教科書を見ながら音読させる。

(d)　リード・アンド・ルックアップ (Read & Look up)

　生徒に教科書を見させたまま，教師が一部分を音読する。次に生徒に顔を上げさせ，教科書を見ないでその部分を言わせる。最後まで行ったら今度は一人でこれを行わせる。教科書を見て一部を音読したら，次は見ないで同じ箇所を言わせる。

(e)　シャドーイング (Shadowing)

　生徒には教科書を閉じさせる。CD もしくは教師の読み上げと共に音声の再現をさせる。

(f)　ペア・リーディング (Pair Reading)

　生徒をペアにして音読させる。ペアでオーバーラッピングやシャドーイングをしてもよいし，交互に一文ずつ読ませてもよい。一人が日本語を言ったら，相手がその部分を英語にして言うという活動もできる。

98

(g) 本文全体の穴あき音読 (金谷他, 2017)

すべてのパートの音読活動が済んだら，今度はレッスン全体の音読を行わせる。このときに本文に意図的に空所を作ったハンドアウトを作成し，空所を自分で再現させて音読させる。最初は重要な語だけ，次に重要な句や節，最後は各文の最初の語だけ載せて後は空所，というように次第に空所を大きくした数種類のハンドアウトを用意して，繰り返し音読させる。

1.2.5. アウトプット活動

(a) リプロダクション

教科書を見ずに音読した内容について，一語一句たがわずに再生させる活動である。音読した文章が短く，音読の正確性を重視する場合に向いている。ペアで交互に取り組ませ，お互いに言えなかった場所についてフィードバックを与えさせる。それから相手を替えて繰り返し行うといいだろう。

(b) リテリング

音読した内容について，教科書を見ずに自分の言葉で相手に伝える活動である。リプロダクションと違い，書かれているとおりに伝える必要はなく，内容に沿ったことを自分の表現で伝えるため，より自由なスピーキングへとつながる活動と言える。慣れないうちは教科書の内容を示す絵が何枚かあるハンドアウトを配布し，その絵に従って相手に伝えるようにする。または，教科書を閉じさせた上で何名かに覚えている単語を言わせ，教師がそれを板書する。その単語を使いながらリテリングをさせることもできる（キーワード・リテリング）。慣れてくれば，教科書に登場するある人物の視点になって話をさせる「なりきりリテリング」も楽しい活動である。工夫して色々なバリエーションでリテリングをさせてみてほしい。

(c)　「開かれた質問」に基づくディスカッション

　教科書に答えがそのまま載っている問い（When was he born? Where did she go two years ago? など）を「閉じられた質問（closed questions または display questions）」という。これに対して，決まった答えのない質問，何を答えてもいい質問を「開かれた質問（open questions）」と言う。音読が終わった後で，この「開かれた質問」（Do you like her idea? Why?/What do you think of his decision?）を与えてペアやグループで自由に意見を交換させる。その後で全体で意見を共有してみる。「閉じられた質問」ばかりを発していると授業が硬直化する。自由に意見を述べてよい「開かれた質問」を使うことで，生徒の思考力・判断力・表現力を伸ばしていくことができる。

1.2.6.　本文全体のリテリング

　レッスン最初の全体導入，その後の数時間で各パートの理解・音読，全体の穴あき音読が済んだところでレッスン全体のリテリングを行う。まず生徒にレッスン全体の内容を示す絵を複数枚載せたハンドアウトを配布する。次にこれらの絵を使ってどのようにリテリングできるか，個人で練習させる。それからペアで一人ずつ相手に向かってリテリングをさせる。聞き手は聞き終わったら相手にフィードバックを与える。相手を替えながらこのペアでのリテリングを何回か繰り返して行う。最後に何名かを指名し，全体の前でリテリングをさせてみる。時間があれば，リテリングの内容を要約したものを書かせてみてもよい。

1.2.7.　発表活動

　最終的にはレッスンの最終目標である何らかの発表活動に取り組ませてそのレッスンを終了する。目標はレッスンの 1 時間目で伝えておき，レッスンの間にその完成に向けての指導を行っておく。例えば上記の 3 人称単数を扱うレッスンであれば，"My Hero" というタイトルで自分の好き

な人や尊敬する人について短いスピーチをしてもらうことを最初に伝えておき，そのために3人称単数現在の文を使えるようになるということを意識させる。教科書に出てきた文章をモデルにし，自分のオリジナル文も加えながらスピーチの内容を考えさせる。話す対象についても，クラス全体か，グループか，教師か，または ALT なのかを明確にして取り組ませるようにする。スピーチの内容を書かせてから発表させるか，発表が終わってから書かせるかは，生徒の熟達度，レッスンの目的に応じて決めるとよい。

2. 使えるところまで責任を持つ！ 帯活動で築く基礎（帯活動の実践例）

令和3年度より中学校において完全実施となった新学習指導要領では，「話すこと」の目標として「即興」という言葉が初めて明記されている。解説編によれば，即興で伝え合うとは不適切な間を置かずに相手と事実や意見，気持ちなどを伝え合うことである。その中でも1番の難題は「ディスカッション」や「ディベイト」の存在だ。これらは英語での豊富な表現力に加え，物事を多面的に捉える力・論理的思考力・即興力・主体的協同的な探求力・コミュニケーション力諸々が複合的に絡み合う，非常に難易度の高い活動である。教科書に出てくるからと場当たり的に取り組ませてみたとしても，思うような成果はなかなか得られない。

私自身も一教員という立場からこれまで様々な授業を参観してきたが，今社会に強く求められる「使える英語」の要請に応えることに注意を削がれ，コミュニカティブな実践活動に多くの時間を費やし，その足元となる《基礎基盤》を安定させることが蔑ろにされる傾向にあるのが昨今の傾向であると強く感じる。スポーツでも確かに，試合形式の練習は魅力的で楽しい。しかしながらそうした目の前の楽しさに終始し，基礎練習を怠ればその先ですぐに成長の限界が来てしまうのである。

　しかし私はここで，「二兎を追う者は一兎をも得ず」と主張したいのではない。重要なのは，「実践」と「基礎」どちらかに大きく振れて偏るのではなく，その集団が置かれている環境を考慮しつつ，両者のよい部分をバランス良く取り入れ掛け算的な「相乗効果」を生み出すことであろう。日本の EFL 環境において実践されてきた TBLT の課題と PPP の課題を「両者の良さ」で補い合う，改訂型 PPP はまさにそのバランス感覚について考えられた手法である。

　日本の EFL 環境の一番の足かせは英語に触れていられる時間の乏しさであるが，授業時数もまた有限である。限られた時間の中で両者を取り入れていくためにはストラテジーの効果のみならず，その効果をいかに「効率良く得ていくか」についても考えなければならない。本節では実践練習と基礎練習の内の「基礎練習」に主に焦点を当て，私が取り組んできた「帯学習」の実践と，効果効率を上げるために意識すべきポイントについて紹介する。

　まず，帯活動とは毎時間，授業全体のうち一般的には 5 分から 10 分間を利用して教科書から離れて行う継続的な活動のことを指す。主にWarm-up や Review を目的として行われることが多いが私の場合，この帯活動を基礎作りの「一番の要」として，ほとんどの授業で 15 分以上の時間を費やしている。

　導入した新しい単語や文法事項を，その生徒がコミュニケーションの場面で「使える（習得した）」といえる状態にするには，それらの知識を脳のライブラリー（mental lexicon）に定着させること（①長期記憶化）。定着させた知識を適切な場面で引き出してこられるようにすること（②発信語彙化／産出文法化）。そしてその引き出し作業を素早く滑らかにできるようにすること（③言語処理の自動化）が必要である。①は宣言的知識，②③は手続き的知識の範疇だ。以下に紹介するのは宣言的知識から手続き的知識へ移行させるための活動と言える。

　「この 1 時間で生徒は何を学んだのか？」これは研究授業の事後研修で

102

最も聞かれたフレーズであるが，一時間の授業の中だけでは「知識を得る」
ことはできても上記の3要素を満たし何かを「習得」できるというのはほ
とんど幻想である。したがって，「習得」という結果にコミットするには
単元全体，あるいはそれ以上の長い期間を見通す視野を持たなければなら
ない。

　学んだことを習得するには「反復学習」が必要であるのは言うまでもな
い。本章1節で述べられているとおり，その反復は一度の機会で集中的
に行う集中学習ではなく，一定期間を空けて行う分散学習を行うことが有
効である。帯活動を実施する最大の利点はまさにこの「分散学習」にある
と言える。一時間の授業の中のみではなく，単元全体（あるいはそれ以上
の長い期間）を通して既習事項に計画的・スパイラル的に出会わせていく
ことが，言語の習得においてより効果・効率的な手法であるといえるだろ
う。

2.1. 絶対暗記例文

　英語力の最も重要な屋台骨となるものは「語彙力」であり，それと双極
をなすものが「文法力」である。しかし文法の構造を知識として理解して
いるだけでは対話をはじめとするコミュニケーション場面においては不十
分であることは前述した通りである。英語を用いたコミュニケーションの
場面で「不適切な間を置かずに」自然なスピードで自分が伝えたいことを
話したり，相手の話を即座に理解したりする為には，その文法の「定型表
現」をほとんど1つの熟語のように扱えることが求められる。教科書にお
いても必ずその単元で学ぶ文法の定型表現を用いた定型文が紹介されてい
るが，残念ながら語彙の指導と同様，授業の中で一度「紹介」した後は，
各種テストまでの「個人の努力」に任されるというのが一般的である。そ
れではそれぞれの文法内容をすべての生徒の中で手続き的知識として積み
上げていくことは難しい。そしてその状態を放置して次へ次へと進むほ
ど，統合型のコミュニケーション活動へのハードルは高くなってしまう。

そこでここでは，新出文法の定型表現をまず長期記憶として定着させることを狙いとした「絶対暗記例文」という活動を紹介する。

2.1.1.　準備

(1) 図 1 の通り，次回定期テストの範囲になる各新出文法の定型文に写真や絵といった視覚情報を割り当てたものを作成し，「絶対暗記例文」と称して新出文法の導入解説の際に紹介していく。（印象に残りやすいもの。生徒の興味関心に即したもの。余裕があれば生徒自身が描いたものなどがよい。）

図 1：絶対暗記例文カード

What time do you
get up everyday?

（2）それらをそのまま 9 分割ほどで集約印刷したものと，英文を空欄にした上で集約印刷したものとをそれぞれ配布する。後者については生徒にカットさせ，カードにする。（各テスト範囲につきおよそ 15 ～ 20 枚程度のカードができる。）章末に他のカードの例を載せておいたので参考にしてもらいたい。

2.1.2.　活動例①：暗記トレーニング

（1）　生徒に数分間の自習時間を与える。（個人）

（2）　じゃんけんで勝ったほうだけがリストを見て，負けたほうは見てはいけないことにする。勝ったほうは英文が空欄になってい

る絶対暗記例文カードを出し，負けたほうに該当する英文を言
わせる。制限時間内の正答数を記録する。それから役割を交代
してもう一度行う。（ペア）

(3) 自分が間違えたり言えなかったりしたカードを復習する。（個
人）

(4) これらを数日間，制限時間や目指す正解数など少しずつハード
ルを調整しながら繰り返していく。

2.1.3. 活動例②：カルタ

(1) カードを机の上に並べる。（ペア or グループ）

(2) 教師が英文，もしくは日本文を全体に向け読み上げる。

(3) 生徒は教師が日本文を言ったのであれば対応する英文を言い
切ってから該当するカードを取る（カルタ形式）。終了時により
多くのカードを取ることができた生徒の勝ちである。教師はあ
えて少し違う文を読み上げるなどフェイントを掛けたり，各グ
ループの生徒に読み上げを担当させたりなどすると盛り上がる
だろう。

今回はカルタ形式を紹介したが，このように定型文をカードにすること
でトランプのように様々な活動へと応用することが可能である。勉強の
「ゲーミフィケーション」によって生徒は活動に対する「目的意識」「楽し
さ」「興味」を高め，重要な定型表現に飽きることなく繰り返し触れてい
くことができる。

2.1.4. 想起練習

こうした活動を通して十分に定型表現に触れさせた上で，一定の期間を
おきながらテスト（想起練習）の機会を設定する。

① 生徒は教員がその場でランダムに選んだ 10 枚の定型文カードの
英文を言う。制限時間の中でいくつ正しく答えることができたか
をそのまま点数とする。
② 並び替え問題や穴埋め問題などのペーパーテスト
③ 市販のワークのテスト（定型文の応用的な活用ができるかを試す）
④ 定期テスト

　気をつけたいのは定期テストの日を区切りとしないことである。長期的
な記憶の保持には断然，テスト後の復習が有効であるからだ（Kanayama
& Kasahara, 2018）。そのため定期テストの後に再度暗記トレーニングの時
間を設ける。クラス全員が半分以上の点数，なおかつクラスの過半数が
パーフェクトを取ることができたらその範囲の帯活動としての取り組みを
終了とする（達成済みの生徒は未達成の生徒を支援する）。

⑤ 仕上げとして，各長期休み明けにそれまでの全範囲の絶対暗記例
文をテスト範囲とした確認テストを実施する。

2.1.5.　指導上の工夫
(a)　視覚効果の利用
　科学的に見ても視覚情報を取り入れることは理にかなった工夫である。
Paivio と Desrochers （1980）によれば文字などの抽象記号と視覚イメー
ジはそれぞれ脳の別の経路で処理されるため，組み合わせることで記憶の
保持，取り出しが強化されることが分かっている。加えて，ものを認知す
る方法は人それぞれである。同じ情報を見聞きしても，誰もが同じ方
法で整理したり，記憶したり，理解したりしているわけではない。しか
しながら，従来の授業や勉強法においてはどうしても文字中心のアプロー
チに終始することになり，特に「視覚優位」や「身体優位」の認知特性を
持つ生徒は集団の中で自信を失いがちである。
　言語学習において，教師が「視覚」と「聴覚」という認知特性の要素を

バランス良く取り入れることを常に意識しながら授業を展開することで，効果効率を高めることができるだけではなく，生徒は自分の得意な学び方に出会う。その中で「できた」や「分かった」を実感することで学ぶことの楽しさを知り，自信を取り戻すきっかけを作ることができるはずだ。

(b) ポイント制度

私は授業に「ポイント制度」を採用している。例えば上記の暗記トレーニングでいえば制限時間内に10枚中3枚正解できたら1pt，6枚正解できたら2pts，パーフェクトなら3pts。カルタであれば1位3pts，2〜3位2pts，4位以下でも一枚以上取れていれば1ptといった具合である。生徒はそのポイントを用紙に記録し，定期的に提出する。教師はそれを評価材料として加味する。ポイントは他にも授業中の積極的な発言やグループ活動のチームワークなどに対しても割り振られる。

外的報酬に頼れば内発的動機が育たないという批判はあるかもしれない。しかしポイント制度によって生徒は教師が授業においてどんなことに重きを置いているかを知り，一見遊びと勘違いしがちなコミュニケーション活動においても緊張感を持って取り組むようになる。また思春期に差し掛かった一部生徒にとっては，「真面目に楽しく活動に取り組む」ことや「真面目に取り組まないクラスメイトを注意する」というのは多少恥ずかしさを覚えることである。しかしポイントによって，「（自分や友達の）成績に関係するなら仕方ないか」と，真剣に取り組み始める。小さな仕掛けであるが，かっこ悪さが死活問題の生徒たちにとっても思いの外助けになっており，教室にはいつも真剣に楽しく活動に取り組む生徒たちの笑い声が響いている。

2.1.6. 成果（長期記憶化）

2021年度4月の春休み明け，新2年生51名に1年生で習ったすべての定型文（計69文）を範囲とした30題の並び替えテストを行ったところ，

学年平均が 26.7 点（30 点満点），最低点数が 19 点であった。こうした結果はこの年に関わらずどの学年にも共通するものであり，この活動が定型表現の長期記憶化に貢献できていることが確認できる。

　また，スピーキングやライティングの場面においても，実施前と比べ表現したい内容に適切な文法項目と定型表現を素早く見つけ出せるようになった。さらに定型表現の意味が自然と頭に浮かぶことでリスニング力の向上も見て取れるなど，知識の定着を強めることで他のあらゆる言語活動の場面においても質的な向上が見られた。当然，こうして定型表現を滑らかに活用できる基礎が身につけば，定期テストや学力テストの成績も相対的に伸びていく。生徒は成果に自信をつけるにつれ，その後の活動にもより熱心に取り組む意欲を高め，それが学級全体の雰囲気を高めていく。こうした正の連鎖が生まれていくのである。

　語彙と文法の定着は英語力の基礎基盤を支える大変重要な部分であることは明白だ。それらは生徒個人の家庭学習を頼みにするのではなく，授業の中で「使えるところまで責任を持つ」べきだと私は考える。必要なのは一定期間，授業の最初の 10 分程度の時間のみである。その小さな投資の繰り返しで「生徒全体」が英語力の基盤を固め，あらゆる活動の質が驚くほど向上するのならば，挑戦する価値はあるはずだ。

図 2：たてよこドリル（正進社ホームページより抜粋）

（表）　　　　　　　　　　　　　　　　（裏）

2.2. たてよこドリル

　正進社の「英語のたてよこドリル」という教材をご存知だろうか。図2
の通り，目標文法の定型文を指定された主語（縦軸），動詞や目的語（横
軸）に応じて言い換えていくドリルである。年度始めに家庭に購入しても
らいそのまま活用するのもよし，シンプルな構造であるため参考にして自
作するのもよいだろう。私は生徒に購入してもらい活用するほか，先ほど
紹介した「絶対暗記例文」を定型文とした仕様に自作して運用したりもし
ている。この活動を行う最大の利点は圧倒的な反復練習の量である。生徒
は1回の活動を通して平均およそ100回程度，目標文法に触れている計
算になる。例えば生徒に「Repeat after me 100 times.」と言って一文をひ
たすら言わせることを想像してもらいたい。先ほどの絶対暗記例文の活動
にも共通する通り，小さな工夫次第で生徒は飽きることなく毎時間100
回もの反復練習を3年間通して繰り返していくことができるのである。
以下は私の活用手順である。

2.2.1. 活動例①：タイムプレッシャー

(1)　まずは1番目から最後まで全体で正答と読み方の確認を行う。
　　　この時はまだ空欄の中に答えを書き込まない。

(2)　1番目から最後まで音読する（制限時間を設定）。練習も兼ねて
　　　2回行う。

(3)　1番目から最後まで音読しながら空欄に書き込む（制限時間を
　　　設定）。

(4)　達成度に合わせてポイントを付与する（これはポイント制度を
　　　取り入れている私個人の手順）。毎回でなくともよいが，定期
　　　的に書き上げたものをペアで交換し，急ぐあまり字が雑になっ
　　　ていないか，間違えている設問がないかを確認させるとよい。

(5)　裏面を次回までに書いてくることを宿題とする。

2.2.2.　活動例②：バトルデイ

(1)　「週の初めはバトルデイ」などと決めておく。ペアで行う。

(2)　やり方は 2.2.1 節で記したものと同様であるが，ペア内の相手
　　より速く終われば＋1 ポイント。学級全体の中で 6 番目以内に
　　終われば＋2 ポイントのように設定することで緊張感を持たせ
　　る。この時，ペア間で大きな実力差や，上位 6 名が固定化され
　　る状況であれば生徒同士で話し合わせ「ハンディキャップ」を
　　付けさせる。

　このドリルはシンプルな構造であるがゆえに，ただ漫然と進めていくと
マンネリ化しがちである。タイムプレッシャーや競い合う要素を取り入れ
るなど緊張感を持たせるとともに，上達を実感しやすい仕掛けを作ること
で生徒の意欲を保つことができる。

2.2.3.　指導上の工夫

　私が授業を行うときに常に心がけている 3 つの視点について紹介する。
それはその授業に①面白さ②安心感③緊張感があるかである。この 3 拍
子が揃っている授業では必ずと言ってよいほど，生徒が生き生きと学びを
深めているものである。

　教員であれば誰しもが授業を「面白くしたい」と思いながら日々教材研
究に励む。しかしこの「面白いという感情」の正体は何であろうか。科学
的には，そうした感情は「ドーパミン」という脳内物質の働きによっても
たらされることが分かっている。喜怒哀楽，人間の感情の動きはこうした
脳内物質の分泌によって左右されるものであり，裏を返せばこの脳内物質
の分泌条件を知り，授業に取り入れること。これが上記の 3 拍子を揃え
る上で効果的かつ効率的であると言える。

　ここで注目したいのはこのドーパミンの分泌条件に「目的の達成」すな
わち「挑戦すること」が挙げられる点であり，挑戦の過程で得られるドー

パミンはテレビを見ることや本を読むことで分泌される量を大きく上回る。ただし，何でも挑戦すればよいというわけではないということもポイントだ。その挑戦が難しすぎても，簡単すぎてもドーパミンは分泌されないのである。難しすぎず，簡単すぎない，つまり「頑張ればギリギリ達成できそうなハードル」に挑戦するときに最も多くドーパミンが分泌されるのである。「普段の授業ではどの学力層の生徒に合わせるのがよいでしょうか？」という質問を受けることがある。ここから導き出される答えは「全員に合わせるべきです」だ。

　紹介したたてよこドリルから考えてみたい。全員に同じハードル設定を課したとき，成功確率は当然，それぞれの学力に応じて変動する。例えば学級の過半数，6割の生徒にとってちょうどよいハードルの高さであったとしてとも，学級の2割の生徒にとっては簡単過ぎ，また2割の生徒にとっては難しすぎるようでは，学級全体の「面白い」を保証できているとは言い難い。

　そこで私が取り入れているのが先述のポイント制度を取り入れた段階的な難易度設定である。基本の制限時間はクラスの6割の生徒が頑張れば達成できそうな時間に設定し（今回の場合1分30秒），達成した場合2pts が付与されるものとする。そしてここで，2分ならば1pt，1分ならば最高3pts と定めるのである。またここにも当てはまらない一部生徒には「〜番までできれば OK としよう。」「スタートから〜秒後に書き始めよう。」というように生徒と相談してハンディキャップをつけるとよい。この一工夫だけで，1つの活動に対して学級全体が意欲的に参加できるようになる。初めこそそうしたハードルの調整に時間が掛かるかもしれないが，目的と要領がつかめれば，生徒たち自身がそれぞれで適切なハードルを定めることができるようになる。

　ハンディキャップを付ければ不公平との声が上がることを懸念する先生もいらっしゃるだろうか。そんなときは授業の目的，学校で学ぶことの意義は何であるかについて教師から生徒に伝えるチャンスと捉えてほしい。

「結果」だけを目的とすればクラスメイトはライバルとなる。しかし一人一人の「成長」を目的とすればクラスメイトは応援しあえる関係になれる。こうした関係性は，安心感や幸福感をつかさどる「セロトニン」や「オキシトシン」の分泌を促すことができる。マズローの欲求階層説（Maslow, 1970）にあるように，人が集団の中で安心して自己実現に向け挑戦していくためには，前提として所属感や承認を得られる環境が必要不可欠である。

2.3.　アクションカード

　最後にアクション（動詞）カードを用いた活動を紹介する。

2.3.1.　準備

　開隆堂の Sunshine English course 1 の巻末付録に図3のようなカードがある。表面には掃除をしている少年の絵があり，裏面にはその動作を表す動詞が目的語を含めたコロケーションで書き記されている。枚数は36枚であり，日常生活での使用頻度の高い動詞が厳選されている。このカードは開隆堂で購入することも可能であるし，自作することも難しくはないだろう。まずは数日に分けつつそれらのカードを生徒に覚えさせていく。

図3：アクションカード

112

2.3.2. 活動例

(1) 教師（あるいはペアの生徒）がカードの表面を提示し，生徒は対応する英語を答える。

(2) 生徒がカードを覚えたら1つ難易度を上げる。教師はカードを提示すると同時に主語を口頭で指定する。生徒は主語を付けて答える。その際所有格の代名詞についても主語に合わせて変えるようにさせるとよい。

　　　e.g.　I clean my room.　He helps his friends.

(3) (2) が滑らかにできるようになってきたら次に，教師はカードを提示すると同時に主語と「肯定文／否定文／疑問文」を口頭で指定する。生徒は "They don't open their textbook." "Does she watch TV?" のように答えていく。

　　　新出文法を扱う際，必ずセットになって出てくるのはその否定形と疑問形の作り方であるが，その作り方は（見た目上は）2種類しかないものである。この活動を通して，生徒はその規則性・体系性を体感的に学び取ることができる。一度体得してしまえば，新出文法の導入においてもそのどちらの種類に当てはまるものなのかを知らせるのみでよく，解説にかける時間を節約することができる。

(4) 上記すべてに対応できるようになった段階で，教師はカードを提示すると同時に図4のような「指定カード」を用い，主語と「肯定文／否定文／疑問文」に加え，「現在進行形」「過去形」「助動詞 Can」など既習の文法項目を付け加えていく。カードに応じて生徒に "Was Kazuya taking a bath?" "She didn't say good morning." "Mike and Lisa can play baseball." といった既習の文法事項を使用した文を産出させる。

図4：指定カード

(5)　最終的には図4の指定カードをスライドにしたものを複数枚用
　　　意し，それらを一定間隔（最初は10秒程度）でランダムに表示
　　　して練習／テストを行う。（口頭で行うことも可能である。）

2.3.3.　指導上の工夫

(a)　「考えなくてもできる」を積み上げる

　2021年度11月，中学2年生51名に制限時間10秒，ランダムに選ば
れたアクションカード10枚の内何枚を正確に答えることができたかを点
数化するテストを実施した（文法項目は「現在進行形・過去進行形・未来
形・不定詞・動名詞」）。結果は学年平均が8.7点（10点満点），最低点数
が6点であった。

　相手に何かを伝えようとするとき，ヒトはその内容を表現するのに適し
た文法・文型・主語／動詞／目的語などの語彙・肯定／疑問／否定形など
を頭の中で瞬時に選択し発信する。今回紹介したトレーニングは現実の会
話において脳内で自然と行なっている処理と相当類似したものであると言
えるだろう。内容は指定されたものではあるが，トレーニングによりこう
した「型」となる部分を身体に覚え込ませ，自転車の乗り方のように「考
えなくてもできる」状態にしておくことで，実際の会話の場面においては
文法や語彙の処理に対するワーキングメモリを節約し，空いた容量で相手
により良く伝える表現を考えたり，相手の話に対して相槌を打ちながら聞
いたりするなど，会話の内容により集中させることができる。

(b) ワーキングメモリ（作業記憶）の空き容量を増やす

　例えば私たちが電話で伝言を頼まれたとする。電話の付近にメモを取るものがなかった場合，相手方の所属や名前，伝言内容，その電話は何時頃かかってきたのかなどを一時的に頭の中に保持しながら相手との通話を進めていく必要がある。こうしたプロセスに関わるのがワーキングメモリである。ワーキングメモリとは脳の前頭前野の働きの１つで，目的の作業や動作に必要な情報を一時的に保持しかつ処理する能力を指すものである。

　このワーキングメモリの容量は有限である。Cowan（2001）によればヒトが一度に保持できる容量の限界は 4（±1）チャンクであるという。この容量を超えた負荷を掛けてしまうといわゆる「頭が真っ白」という状態に陥ってしまうわけだ。

　アクションカードの取り組みにおいても例えば，各カードの暗記も，主語に応じた動詞や所有格の対応もままならない状態で疑問形や否定形に対応するセクションに進んでしまえば，生徒は当然フリーズする。そうした状況が続いていけば取り組む意欲自体を無くしてしまうことになるだろう。スパイラル学習の中で「考えなくてもできる（自動化）」という前段を作って初めて次の段階に進めることができるものであるが，私たち教員は進度に追われ時折このことを忘れてしまう。しかしそのままでは，そこから始まる負の連鎖に先々で頭を悩ます結果を招くことになる。

　それでは生徒に負荷を掛けないよう，与えるタスクはできるだけ容易なものにするべきかといえばそうではない。ワーキングメモリには適度な負荷を掛けたほうが前頭前野の働きが活発になり，記憶力や集中力を高めることができるのである。またその負荷によって取り出せる表現の自動化が進み，ワーキングメモリの空き容量を増やすことができる。「頑張ればギリギリ達成できる」程度のハードル（難易度）設定はドーパミンの分泌条件の観点だけでなく，ワーキングメモリの観点からも重視されるべきものであることが分かる。

2.4.　帯活動を成功させるためのポイント

　帯活動で実施する絶対暗記例文・たてよこドリル・アクションカードの取り組みは互いに相乗効果を生み，より高次の活動に向け必要となる英語力の安定した基礎基盤を生徒の中に作り出していくことができる。本節ではこうした帯活動を成功させるために重要な点について述べていく。

2.4.1.　結果にコミットする

　ヒトは「飽きる生き物」である。生徒を飽きさせずに授業参加させるためには，やはり同じ活動よりもバラエティに富んだものを展開していくべきであろうか。何を隠そう私自身もまさにそうした新奇性に頼り，レパートリーの幅を広げることに躍起になり失敗をした一人である。もちろん，活動の新奇性が一時的に学習者の動機付けを高めることは事実である。しかし，次節において古賀が述べている通り，それは長期的な視点に立つと学習の効果効率を最大限発揮するものではないのである。真新しい活動を取り入れる一番のデメリットは，有限で貴重なワーキングメモリが「新しい活動のルール」や上手くできるかどうかという「不安」に割かれてしまうことであり，その分だけ習得に向けた歩みが鈍化してしまうということである。

　私はここまで紹介した活動を3年間継続して行っている。しかし生徒から「先生もう飽きました！」という声は聞こえてこない。これまで述べてきた通り，活動そのものを変更するのではなく，その難易度を学習者それぞれにとってチャレンジングなレベルに調整し，習得という結果にコミットする。それだけでも生徒たちは3年間，飽きることなく熱心にそれらの活動に参加してくれている。裏を返せば生徒が飽きかけた様子を見せるときこそ，次なるステップに進むチャンスと捉えることができるだろう。もちろん，新奇性のある活動を取り入れることそのものを否定するものではない。何事もバランスである。そしてその匙加減は相対するクラスによっても違ったものになる。そこはまさに，目の前の生徒を誰より理解

することができる教師の料理人としての技が試されるところだ。料理の腕を磨くことはもちろん大切だが，同時に生徒が安心する「おふくろの味」も目指したい。

2.4.2. ICT 活用による時間の節約

　効果・効率を上げる方策としては ICT の活用も欠かせない。例えば授業の流れをパワーポイントにしておけば，多少の産みの苦しみはあるものの，視覚的な補強がしやすく，板書の時間はもとより，次年度以降も活用できる財産となる。また一人一台端末の環境が整ってきたことも効果・効率を上げるものとして大いに期待できるものである。例えば今では，英単語のリストをエクセルで作成し，そこからボタン 1 つでランダムに選択式テストが作成されるマクロがインターネットから無料で手に入る。そのまま Google クラスルームのようなプラットフォームと連携すれば丸つけ・成績処理・返却までも自動でなされるのである。文部科学省が開発を進めている MEXCBT という CBT（Computer Based Testing）のプラットフォームも利便性が高く，今後広く活用されることになるだろう。

　他にも，その日の授業で扱う資料は事前にタブレットに送信し，授業中もタッチペンで書き込ませることができる。これにより印刷の手間や費用，紙の配布にかかる時間など，年間にすると大きな節約となる（生徒のカバンのあの凄まじい重量も軽減してあげられることだろう）。紙幅の関係で割愛するが，ICT の普及によって今後新たにできるようになっていくことについては枚挙に暇がない。

　ICT に関しては「まず踏み出すこと」が重要だというのが私の感想だ。教員はどうしても新しいことに「挑戦することで生じるリスク」に敏感になるところがある。しかし今回の一人一端末の環境整備においては「リスクを冒さないことで生じるリスク」のほうが今後圧倒的に大きくなるのは明白だ。未来の子どもたちの姿を描き，今の子どもたちを信じてぜひ，できるところから踏み出してみてほしい。

2.4.3.　計画の重要性

　冒頭で基礎基盤を安定させることが先決であると述べたところであるが，ここで気をつけなければならないのが，その基礎を作ることに必要以上に時間をかけてしまい，さあいよいよ（楽しい）建設作業に移ろうというところでタイムアップとなってしまうことである。

　特に 3 年生は最後の中体連に修学旅行，進路を左右する学力テスト，入試対策はもちろん入試に向けて年内には教科書を終わらせなければならないなど非常に忙しく月日が流れていく。そのため 3 年生になってからようやく建設作業に取り掛かろうとしても尻すぼみに終わることがほとんどである。これではせっかく作り上げた基礎基盤がもったいない。また急に複雑な実践形式にシフトし新しい取り組みを詰め込んだことでそのルールに慣れることに生徒のワーキングメモリの多くが割かれてしまう。

　そうした反省から私は 1，2 年時よりしっかりとした設計計画・見通しを校内同教科の先生と共有し，基礎作りと並行して建設作業についても組み立てておける部分から取り掛かることを常に意識している。詳細は割愛するが，先に紹介したトレーニングに加え，「チャット」や「モノログ」，「パラフレージング」，「リテリング」や「ショートディスカッション」など，身につけた型を応用し，自分の意見や英語を運用する活動も進めている。これらは一見すると発展的で難しく見える活動であるが，基礎作りの活動と同様，ハードル設定に工夫すると生徒は自らの培った力を試そうと喜んで取り掛かってくれる。そしてその積み上げの先に，ディベイトやディスカッションのような統合的で難易度の高い活動にも，生き生きと「挑戦する」生徒の姿が待っている。

2.5.　おわりに

　最近はテレビや YouTube などを見ればそれこそ無数のダイエットの方法が紹介されている。にもかかわらず，世の中から肥満の悩みが無くならないのはその方法論のせいではないだろう。同じように教育の分野におい

ても，ちまたには有用な教育法が溢れている。しかしこれもダイエットと同様，方法論を知識として脳のライブラリーに保持しておくだけで目標の達成が約束されるものではない。

　必要なのはそのやり方を「ブレずに継続すること」ができるかである。一般的にはダイエットや筋力トレーニングの成功率はわずか2割程度とも言われている。新しいことに挑戦しようとすると，脳の中では挑戦派（前頭前野）と現状維持派（大脳基底核）の激しい綱引きが起こるのだ。特にその挑戦に苦しさが伴う場合，無策に戦えば，現状維持勢力のほうが圧倒的に高い勝率を誇ることになる。

　そのような劣勢を覆すのは本人の意思の力であるとともに，その方法への信頼性である。授業の中に科学的な知見を取り入れることは学習効果をより高める「加速装置」として働くだけでなく，その信頼性は私たちが「ブレずに継続すること」を支えるものでもある。今回紹介させていただいたものの中にもしも気に入ったものがあれば，是非信頼して取り入れ「考えなくてもできる」まで継続していただければ幸甚だ。

　以上，分散スパイラル学習と帯学習について説明をしてきた。基本的な考え方は，「学習機会を分けて繰り返す」ということである。従来の1つ1つの項目を完璧にしてから次に進むという考えを改めて，繰り返していくうちに少しずつできるようになると考えてもらいたい。語学のように技能を身につけるためには，この分散学習が有効なのである。集中学習と違い，効果を実感するには少し時間がかかる。そのことを教師が理解し，今できなくても大丈夫，そのうちだんだんできるようになると生徒を励ましながら学習を進めていただきたい。

3.　「動機づけ理論をもとにした繰り返し学習活動」

3.1.　繰り返し活動を持続させるために

　日本人にとって，英語を習得するのは容易なことではない。その理由の
1つとして，日常生活の中で英語を使う機会が極めて限られていることが
挙げられる。このような現状が英語学習を難しくする大きな障壁であるこ
とは間違いないといえるだろう。一般に，日本人が英語を習得するまでに
は合計約 2200 時間の学習時間が必要であると考えられている（廣森，
2015）。多くの日本人英語学習者にとって英語に触れられる唯一の機会が
英語の授業であり，小学校から大学卒業まで，授業時間を合計しても
2200 時間には到底及ばない。つまり，日本人にとって英語は単に習得す
るのが難しい言語であるということだけでなく，習得するには最適とは言
えない環境の中で 2200 時間程度の学習時間の確保を目指さなくてはなら
ないという不利な条件を乗り越えて習得しなくてはならないものなのであ
る。

　様々なテクノロジーが発達した 21 世紀の現代まで，この 2200 時間を
大幅に短縮できるような「一瞬で英語を習得できる方法」というのは存在
しておらず，おそらく今後も登場は期待できないだろう。やはり，自分に
合う学習方法を見つけつつ，教室内外で学習をある程度長期にわたって繰
り返し継続することは避けられない。この繰り返しと継続に重要なのが
「動機づけ」である。動機づけは，簡単に言えば「やる気」といえるが，厳
密には「ある目標に向かって努力を継続する一連のプロセス」（Dörnyei，
2001）であるといわれている。この動機づけのプロセスの中では「やる気」
はほんの一部であり，動機づけが起こるためにはどこに「やる気」を向け
るのかという方向づけと，その方向に向かうためのエネルギー（強度）の
維持が必要となる（廣森，2015）。つまり，英語学習を成功させるには，学
習者本人のやる気以外に，明確な目標と必要なだけの学習の時間や練習量
が維持できる環境の 2 つが欠かせない。本節では，教室内外で生徒が英

語学習を繰り返し行い，それを継続させるために教師が行うべき支援を，動機づけの観点から考える。

3.1.1. 身近で達成可能な目標の設定

　これまでの言語学習動機づけ研究においては，外国語の習得を促進する目標が重要視されてきた。例えば，第二言語習得研究で著名な Gardner (1985) による統合的動機づけの理論においては，「目標言語のコミュニティの一員になる」という目標（志向性）が動機づけを規定する中心的な要因として捉えられていた。例えば，「英語母語話者のようになりたい」という目標が1つの例である。また，現代の国際社会に合致する動機づけ理論として現在最も著名な L2 自己理論 (Dörnyei & Ushioda, 2009) においては，理想とする「将来なりたい英語を使っている自分」（L2 理想自己）をゴールとして持つことで，現在の自分との間にギャップを埋めようと英語学習が動機づけられる，と考えられている。このように動機づけというプロセスにおいて目標やゴールは中心的な役割を果たすといえるだろう。その一方で，英語母語話者のようになるという目標は現実的ではないかもしれない。また，L2 理想自己は将来の職業やキャリアとセットで考えられることが多い，生徒が目指す将来のキャリアは様々であったり，時に不明確であったりすることを考慮すると，英語教師の立場からクラスの生徒全員の L2 理想自己を育ませようとすることも簡単ではない。

　長期的な視野で考えると統合的な志向性や L2 理想自己のような比較的「遠い」目標が必要かもしれないが，英語教師がそれらに深く関われるかどうかといえば，難しいと言わざるを得ない。むしろ，目標設定に関して教師が最もすべきことは，教室内外で行う英語学習活動それぞれに対して，それらの活動が重要な意味を持ち，なおかつ達成可能であると生徒が思える，より「近い」目標の設定であると考える (Locke, 1996)。目標に重要な意味を持たせるには，それぞれの活動を何のために行うのか，教師が明示する必要がある。それだけでなく，目標を設定する際には生徒の関与

の度合いを高めることも大切だろう。例えば，教師と生徒がよく話し合っ
て一緒に目標を決めることは 1 つの手段である。生徒が個人の目標を自
分で決められれば理想的であるが，この場合，目標を低く設定しがちであ
るといわれている (Locke, 1996)。そのため教師が大まかな最終目標を明
示して，その達成までの間のプロセスに関わる小さな目標を生徒自身が設
定できるように支援するのが 1 つの案といえるだろう。

　次に，目標の達成可能性であるが，人はある課題を目の前にしたとき
に，「この課程が達成できそうだ」と見積もるようになるには，1) 達成経
験，2) 説得，そして 3) 身近で模範的な存在の 3 つが重要な役割を果た
すという (Locke, 1996)。まず 1) については，これまでの経験が達成への
見積もりに大きく影響することが想定されている。ある目標を達成できる
だけの経験をしたかどうか，つまり，これまで十分に練習などを行いその
目標を達成できるだけの能力や技能を身につけられたと感じているかどう
かが鍵となる。2) については生徒が何をどこまでできるようになってい
るのか，理由をつけて伝えることを指す。つまり，正当な評価に基づき生
徒が前向きになるようなフィードバックを与えることが重要である。ま
た，直接的な言葉がけだけでなくどうやったら目標を達成できるのかにつ
いても有益な情報が与えられる指導も効果的であるだろう。最後に 3) は，
どのように取り組めば目標が達成できるのかのヒントを得るために，教師
や他の生徒が実際に達成する様子（＝モデル）を共有することを意味する。
この際，教師や他の生徒による優れたパフォーマンスを単に示すのではな
く，「どうやったらできるのか」が分かるようなることが重要であるため，
適宜，教師がモデルについて解説など行う必要があるだろう。

　動機づけが起こるには，目標の設定は欠かせない。そのため，授業にお
いては，なんとなく活動を導入することは避け，身近で達成可能な目標が
設定された活動を行う必要がある。その際に，何をどこまでできるように
なることを目標にするのか，明示的に説明するようにしたい。また，活動
の成果を把握し，適切かつ前向きなフィードバックを与え，その活動で得

られた達成経験が次の活動を行う際に活用できるよう指導を行いたい。生徒が活動中も動機づけを維持しつつ，終了後も次の活動に向けてまた動機づけられるようにすることが，繰り返しの学習を成功させる要因の1つである。

3.1.2. 「やらされている感」の低減

　目標は重要な役割を果たすものの，目標を立てただけでは学習をうまく進めることが難しいかもしれない。目標とする項目や技能を習得するまで一定期間，練習や学習を繰り返し，達成したらまた次の目標に向けて進むというサイクルを継続させることも困難だからである。この困難を打破し学習のサイクルを継続させるには，できる限り生徒の「やらされている感」を低減し，自ら学習に向かう姿勢を身につけられるような指導を行う必要がある。

　「やらされている感」をできるだけ低減させるにはどうすればよいのか，Ryan and Deci (2002) が提唱する自己決定理論（self-determination theory; SDT）を基に考える。SDT は様々な下位理論で構成されるが，その中で最も有名なのは内発的動機づけと外発的動機づけの理論的枠組である。どちらも，ある行動の理由を分類したものであり，簡単にいえば内発的動機づけは行動そのものに対する自らの興味や，得られる刺激や興奮を理由とする動機づけ，外発的動機づけは行動の結果得られるもの（例えばお金や成績，あるいは義務の遂行と達成）を理由とした動機づけである。この2つの動機づけは連続体上にあり，「自己決定」の度合いによって2つの動機づけの間のどこかに動機づけが位置する。自己決定度が高いほど内発的動機に近く，低いほど外発的動機に近いと考えられている。自己決定度が高く，内発的動機づけに近づくほど「自分がやりたいと思うからやっている感」が強くなると言える。

　繰り返しの学習を長期的に教室内外を問わずに行い，習得を促進するには，学習活動それぞれに対する生徒の自己決定度をできるだけ高める支援

が必要であることは自明である。一般的に，外発的に動機づけられている
場合，目的のものが手に入ってしまうと（目標が達成されると）動機づけ
が途絶えてしまうと考えられている (Warneken & Tomassello, 2008)。SDT
によると，自己決定度を高めるには生徒の「自分が選択に関与したい」と
いう欲求と（自律性への欲求），「自分の力が及んでいると感じたい」とい
う欲求（有能性への欲求）を満たすことが必要であるといわれている。自
律性については，すべて好き勝手に生徒に決めさせる，ということではな
い。例えばグループ活動の際のメンバーやライティングのトピックの決定
など，普段の活動に少しだけ選択の機会を与えるという，小さなステップ
が重要になる (e.g., 田中・廣森, 2007)。次に有能性の欲求であるが，日本
人の生徒に「自分はやれている」と自信を持たせることは容易なことでは
ない。しかし，例えば，何かの活動を行う際，「以前の活動でやった○○
の経験が役に立った」「教科書に出てきた○○が役に立った」と感じるこ
とも有能感を満たす要因の 1 つになる（田中, 2013）。1 つ 1 つの活動や指
導内容を大切にし，毎回何ができるようになったのか，次に何をすればう
まくいくのかを生徒が分かるように適切なフィードバックと評価を与える
ことが有能感への欲求を満たすことに繋がるといえるだろう。

　内発的動機づけと外発的動機づけは連続体上にある一方，生徒は内発，
外発によらず様々な理由によって動機づけられている。そのため，内発的
な動機づけが起こったからといって外発的動機が消えるわけではない。ま
た，外発的動機づけは例えば「嫌だな」と思うような活動や作業を完了さ
せるときなどに必要になるので，決して悪い動機ではない。両者は，学習
をすすめる上で補完的な役割を担うこともある。しかしながら，学習を継
続させるにはできるだけ内発的な動機づけが必要になるため，これらを踏
まえた上で，自己決定度ができるだけ高まる指導が望まれる。

3.2.　動機づけを考慮に入れた繰り返し活動

　限られた授業時間の中で，どのような活動を行えば学習者の動機づけ要

因に良い影響を与え，英語の習熟度を高めることができるかを，教師はいつも考えているだろう。結果，学習者の注意や興味を引くために新しい活動を作成し，いざ実施してみるとあまり成功しなかったということは多々ある。学習者にとって不慣れな活動を行う際には，長時間かけてその実施方法を説明する必要があり，さらに同じ活動を一度しか行わなかったら，学習者にとっては結局その活動の目的，価値，そして何を学習できたのかが分からなくなってしまうだろう。確かに活動の新奇性は動機づけを高める可能性はあるかもしれないが，その活動を行っているときのみ動機づけが向上しても，実施後に動機づけのレベルがもとに戻ってしまったら，単なる時間の無駄遣いになってしまう。

　それでは，どのような要素を考えて現実的な活動を作成する必要があるのだろうか。一般的に日本人学習者の有能感は大変低いと報告されている（例：Hiromori, 2006; Koga & Sato, 2013）。有能感は動機づけにとって重要なものであるため（例：Deci & Ryan, 1985），その要因を高められる活動が必要になる。つまり，「できる」，「できた」と実感させることである。これを考慮に入れ，以下 2 つの観点から有能感・動機づけを向上させる活動を模索する。一点目は，同じ活動にバリエーションを付けることで難易度や活動の側面を変えることによって，時間も短縮でき，目標設定や達成度を実感できるような活動作りである。次に，帯活動を行うことで，学習を習慣化させ，学習目的を達成するために自律的に学習できる活動を提案する。

　始めに，同じ活動でも少しずつ変えていくことによって，実施方法の説明などの時間は確保できる。例えば，語彙学習の活動として単語のしりとりを例に説明する（例：eat → teach → house など）。以下，このしりとり活動をどのようなバリエーションをつけられるか考えてみる。

① 個人で行い，書き出せた単語数で競わせる。
② 初めにグループに分け，協力してどれだけ多くの単語を出せるか

を他のグループと競わせる。

③　単語数を 50 語以上つなげなければならないという条件を付ける。しかし，辞書の使用を可とする。ただ，使う単語は学習者が以前に習った，見たことのある単語に限る（以前習ったが，忘れてしまっている単語や思いつかない単語を再度学習する）。

④　しりとりでつなげる単語の品詞を制限する。例えば，動詞と名詞のみ。形容詞と副詞のみ。

⑤　グループを縦に座らせる。例えば 5 人グループならば，1 番目の学習者が単語を書いた紙を 2 番目の学習者に渡し，2 番目が 3 番目，以下つなげていく。産出された単語数で競わせる。これはグループ活動ではあるが，個人で単語を考えなければならない。

⑥　⑤の活動では，順番待ちの時間が長くなってしまうため，1 番目から後ろに，5 番目から前に同時に始める。その際，同じ単語を使うことは禁ずる。

　このように，しりとりという同じ活動でもバリエーションを付けることによって，難易度，協同・個人学習などを変えることができる。このようなゲーム性の高い，比較的に受け入れられやすい活動でも繰り返し行うことによって，単語力や情緒面で効果がみられるだろう。例えば，毎回の授業で①を行い，1 か月後に産出単語数がどれだけ増えているかを見ることができる。学習者は自分の単語力の伸びを実感できると同時に，できている・伸びている，ということに満足感や達成感を得ることができ，動機づけにも良い影響はあるだろう。また，例えば 2 週間ごとに②から⑥のような活動を一度行うことで，新鮮さも感じられる。

　次に，活動の目的を考えてみる。まず，情緒面では教師や学習者自身が簡単に目標を設定できる。例えば，「1 週間ごとに産出する単語数を 5 つ増やそう」や「単元ごとに新出単語を使おう」など，目に見える，達成可能な目標を立て，それをクリアできるようにする。学習面では，予想され

るのは既習の同じ単語しか使わない可能性はあるが，これは言い換えれ
ば，その単語に素早くアクセスできることも意味している。実際に英語を
使用する際には，ターゲットの単語をいかに速く思い浮かべられるかが重
要である。さらに，意識的，無意識的に接尾語と接頭語に注意が向く。例
えば，この活動中に学習者は副詞に -ly が付いていることを容易に理解で
きる。もちろん -ly の副詞を使ってしまうと，y- から始まる単語を見つ
けることが困難であるからだ。そのほか，able が「できる」という意味で，
動詞に付けることもできる（例：avoidable, drinkable），動詞に -tion を
付けて名詞にする（例：explanation, organization）など，様々なことに
気づくこともできるし，教師が接尾語や接頭語の知識を与えることも可能
である。以上，バリエーションを付けた同じ活動を繰り返し実施すること
で実施面，学習面，情緒面などに良い影響があると推測される。

　次に，限られた授業時間をどのように使用すべきかを考える。以下例え
ば 15 分の限られた時間内で，読者の皆さんは①から③のどの帯活動を選
ぶだろうか。

①　3 分間の活動を 5 つ（4 つの比較的容易な活動と，1 つのチャレ
　　ンジングな活動）実施する。

②　5 分間の活動を 3 つ（2 つの比較的容易な活動と，1 つのチャレ
　　ンジングな活動）実施する。

③　15 分の比較的チャレンジングな活動を 1 つ実施する。

　動機づけを高めるためには，比較的チャレンジングなタスクを実施する
と効果的だと言われている（例：Egbert, 2003）。この点を考慮すると，③
の 15 分のチャレンジングなタスクを実施することが重要だと考えられる。
しかしながら，もし学習者がこの 1 つのタスクを達成できなかったらど
うなるのだろうか。「私はやってもできないんだ」，「努力しても無駄だ」，
などといったネガティブな学習経験を持ってしまい，その学習経験が将来
的な動機づけに悪い影響を与えてしまうことが容易に推測される。さらに

上述したように，異なった複雑なタスクを実施することは，説明に要する時間などを考慮に入れると，あまり推奨されない。よって，この③は効果的ではないかもしれない。

　それでは②はどうだろうか。学習者は少なくとも 2 回の容易な活動で達成感を得られ，また 1 つチャレンジングな活動に取り組んでいる際に動機づけも高まるかもしれない。ただやはり 5 分間も簡単な活動を行っていると，学習者も飽きてしまい，結果集中力も低下し，あまり良い効果は見られないかもしれない。反対に，5 分間も「私うまくできないな」といった感覚は有能感に良い影響は与えないだろう。つまり，②もあまり良い帯活動ではないかもしれない。

　帯活動としては①が一番適しているのではないだろうか。まず，活動をやった，できたという感覚も多く得られ，ちょっと挑戦もしてみようとやる気も出る可能性が高い。短時間の活動をテンポよく繰り返し実施することで，飽きさせることなく，習慣のように自然に身についていくだろう。重要なことはこの 15 分の間に学習者自身が何をやればよいかを明白に理解していることである。そのためには 5 つの同じ活動を毎回実施することが大切である。教師は単に時間のみを測定し，"One down and next"，などと何も指示・説明を出す必要もなく進めていけば，この 15 分間は学習者にとっても有意義になるはずだ。

　それでは，どのような活動を行う必要があるのだろうか。もちろん，4技能＋語彙の 5 つの活動を実施することが理想的かもしれないが，残りの例えば 35 分間でリーディングやライティングを行う必要があるならば，帯活動からは除外できる。ここでは 1 つリーディングの活動を紹介する。例えば，1 分間に読める単語数（wpm）を 100 にするという目標を教師と学習者で設定し，3 分間でリーディング活動を実施する。その際，300 語の比較的簡単な物語を用意し，学習者は毎回の授業で同じ物語を読む。3分間という制限を厳守し，1 回目では物語をすべて読むことができなくても，読めたところまで何らかのチェックを入れさせる。すでに物語の序盤

を1回目で読んでいるので，簡単に読解プロセスができ，2回目では物語の先まで読むことができるだろう。物語を読み終えるまでこれを繰り返し，wpm 100を達成できるようにする。学習者のレベルに差があっても，いくつかの単語数や難易度の違う物語を用意しておけば，たとえ早く終わった学習者にも簡単に対応できるだろう。また，読解力も確認するために，例えば，100まで読んだら解ける問題（問1），200語まで読んだら解ける問題（問2），最後まで読まなければ解けない問題（問3）を作成するとよいかもしれない。学習者は「今回は問1まで解けたから，次は問2まで解けるよう頑張って読むぞ」という，達成可能な近接した目標に向かって活動を実施することができ，その先には3分間で300語の物語を読み終えるという目標につながっていくだろう。この活動を毎回実施すると，読む習慣が身につき，同時に早く理解して読む能力も向上するだろう。

　次に活動の流れも考えるべきだろう。例えば，フラッシュカードの使用は効果的であると考えられているため（佐藤他，2015），フラッシュカードで新出単語をカバーした後に，しりとり活動を実施すれば，フラッシュカードで学んだ単語を次の活動で実際に使用できる。スピーキング活動でも，"What did you do after school?" という毎回同じ質問を使用する。学習者は質問が分かっているので，"What did you eat?", "What did you watch on TV?", "Did you do your homework?" など他の質問も簡単に考えることができるので，学習者は話し続けることができる。さらに，回答をある程度用意することができる。「夕食に茄子食べたけど，茄子って英語で何というのかな」，「お笑い番組って，何ていうのだろう」と思い，事前に分からない単語を調べてくることが期待できる。学習者はこの活動に対してペアのことも考え，責任感を持ち（例：Little, 1991），活動遂行のために自律的に学習する。この自律性は学習者が内発的に動機づけられるために必要不可欠なものでもある（例：Deci & Ryan, 1985）。この活動の後に少々チャレンジングでオープンなスピーキング活動を行うと，流れもよくなるのではないだろうか。以上ここで提案することは，帯活動として短

時間の同じ活動を毎回行うことによって，学習者は習慣的に，目的をもって，有能感も獲得しながら，自律的に学習していくことが期待できる。

　教師は頻繁に学習者の動機づけを心配してしまう。また，動機づけ研究でも，動機づけに与える要因として興味，持続性，学習経験，不安，有能感，など様々な要因を挙げている（例：Gardner, 1985; Dörnyei, 2001）。しかし，あまりこのようなことにとらわれず，学習者に向き合うことが重要である。楽しい活動ではなく飽きさせない活動，努力させるのではなく行動を習慣化させる活動，自律性を高めようと試行錯誤するより，学習者自身やクラスメイトのために責任感をもって行える活動，気づいたらできていたと感じられる活動を考えていく必要があるだろう。

130

参考：絶対暗記例文カード（暗記用：セリフ付き）

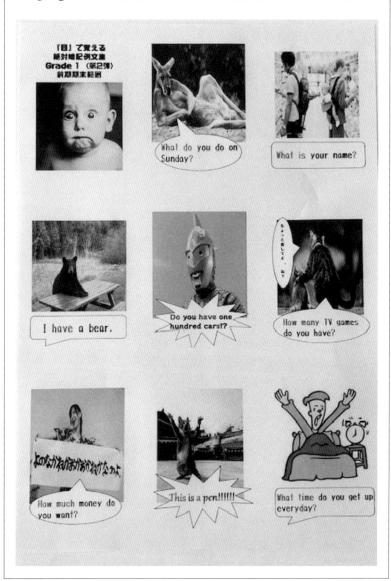

絶対暗記例文カード（想起用：セリフなし）

132

コラム④　動機づけに関して

　第3章3節において内発的動機と外発的動機を取り上げましたが，動機を「統合的動機」と「道具的動機」という2つのタイプに区分することもあります。統合的動機とはアメリカやイギリスなど英語が話される国の文化へのあこがれ，そのコミュニティの一員になりたい願望，その文化に統合・同化しようとする態度です。例えば，英語圏の国に留学し，将来はできればアメリカに住んで働きたいという気持ちで英語を勉強するのがその例になります。一方，ある特定の実利的・営利的な目的で英語を勉強するのが道具的動機です。成績や受験，就職や仕事のために英語に取り組むのがその例になります。かつて，筆者が勤務校の大学生に中高においてどちらの動機が強かったかと聞いたところ，多くは道具的動機と答えていました。やはり日本のように英語を日常的に使う必要がなく，言語としてよりも受験科目の1つとして英語を学んでいる環境においては至極当然なのかもしれません。道具的動機のみが強いと目的が達せられると学習を止めてしまうこともあり，高い統合的動機に支えられて学習に励むことが理想ではありますが，EFL環境においてはなかなか難しい現状にあるのかもしれません。したがって，教師としては受験や成績のために勉強している道具的動機の高い学習者に対して，コミュニケーション言語として英語を学ぶことの意義や楽しさ，異文化を学ぶことの素晴らしさを教え体験させることも重要であると言えます。また，英語が国際語として広く世界で使用されている現在，英語を母語としない人々と英語でコミュニケーションすることの重要性についても学ばせる必要もあります。強い道具的動機から英語学習をはじめ，学習を続けるうちに英語を用いて多くの人と交流し，国際的に活躍したいという願望が生まれることも十分あるわけです。外発的動機と道具的動機が強く結びつき，統合的動機は内発的動機との関連が大きいと考えられていますが，どの動機が優れている，効果的であるということではなく，教師としては状況に応じて，上手く使い分けながら生徒の動機を高めるようにすべきではないでしょうか。

第4章　EFL 環境下での英語での授業

　本章では EFL 環境下での英語での授業について，その意義，注意点，フィードバックの与え方について議論し，ジェスチャーなどの非言語コミュニケーション方略の有効活用も扱う。さらに英語での授業における日本語使用のあり方や，ALT とのティームティーチングについても考察していく。

1.　意義・背景

　日本のように英語の授業が数少ない英語使用の場である状況においては，教師が「主に英語で授業を行うこと」は非常に重要である。第1章でも述べたように，Krashen のインプット仮説 (Krashen, 1982) によると言語習得には質の高い潤沢なインプットが不可欠であり，生徒の現在の英語能力より若干上のレベルではあるが理解可能である "$i+1$" のインプットをできるだけ多く与えることが重要だとされている。学習者は文脈や，前後関係，または教師の表情やジェスチャーなどを手掛かりに多少レベルの高いインプットを理解しようとするのだが，この学習者の現在の習得レベルよりも若干上のインプットを理解するときに習得が進むと考えられている。これは，例えば，ウエイトトレーニングで筋肉を強化していくときに

バーベルの重さを少しずつ重くしていかなければいけないことや，マラソンを完走するためには日々の走行距離を少しずつ伸ばしていかなければいけないなどの状況と同様で，直感的にも理解できるのではないだろうか。さらに，"$i+1$"に加え，理解した知識の強化と自動化を促す現在の英語能力や若干易しいレベルの"i", "$i-1$"のインプットを大量に与えることも大切である。生徒がすでに知識として習得している文法や語彙を含む英文をインプットとして与えることにより，より理解を深め，定着させることができるからである。教師には主に英語で授業を行い，生徒の反応をみて臨機応変に英語の難易度を調整しながら，クラスルームイングリッシュを超えた意味のあるインプットを与え，また生徒の誤りに瞬時に気づいて的確なフィードバックを与えていくことが求められているといえる。特に日本のような日常的に英語に触れる機会が少ない EFL 環境においては，「主に英語で授業を行うこと」により，言語習得の必要条件である質の高いインプットを与え続けることは非常に重要である。第 1 章の文法指導では，明示的指導による「明示的知識」習得，自動化された明示的知識の活用を重視した文法指導を提案したが，「暗示的知識」としての言語知識の存在も忘れてはいけないであろう。日本の EFL 環境においてはこの「暗示的知識」の習得は非常に難しいと筆者は考えるが，明示的知識の習得のみを目指すのではなく，英語で授業を行い多くのインプットに与えることにより。暗示的知識習得の（可能性のある）機会を作ることも重要だと考えている。さらに，第 2 章でも述べられているように，教師がふんだんに英語を使用することにより，語彙の付随的学習の機会も与えることにもなるのである。

　また，日本人教師が英語で授業を行うことにより，生徒自身が英語を使いたいという動機づけを向上させることにもなる。筆者らの研究（Koga & Sato, 2013; Sato & Koga, 2012）では，教師が主に英語で授業を行ったクラスでは半年後に大学生の「会話意欲（Willingness to communicate: WTC）」，すなわち，英語で自発的にコミュニケーションをしようとする

意思は有意に向上したが，教師が主に日本語で授業を行い，学生には英語の使用を強く奨励したクラスでは WTC は全く向上しなかったという結果が出ている。教師が日本語訛りのある英語を使いながらも英語でのコミュニケーションを成功させている状況を学習者が実際に見て，体験して，教師に日本人としての英語使用者のモデルをみて，「自分もそうなりたい，なれる」と感じ，英語を使うモチベーションが高まったといえるのではないだろうか。対象の学習者が限られている研究であるので，この結果をすべての状況に一般化できるわけではない。しかし筆者は，この教師自身が使用者のモデルとなる「主に英語での授業」は理にかなっており，小学校，中学校，高等学校のすべての校種において行われるべきだと考える。日本人教師が必要に応じて日本語を用いながらも，主に英語で授業を行うことにより，生徒に外国語学習に不可欠な質の高いインプットを与えることになる。さらに生徒の英語を使うというモチベーションを高め，授業そのものを英語でのコミュニケーションの場にしていくことになるのである。「主に英語での授業」の必要性，重要性を強調したい。

2.　英語での授業での注意点

　英語で効果的に授業を行うためにはどのような点に注意すればいいのだろうか。渡邉他（2013）による MERRIER アプローチでは以下のような英語で生徒に語り掛ける際の 1 つのモデルを提唱している。

　　①　Mode or mine:　ジェスチャー，絵，写真などの視覚補助を活用
　　　　　　　　　　　する。
　　②　Example:　抽象的な内容を具体例を使って分かりやすくする。
　　③　Redundancy:　別の分かりやすい表現や別の発想で同じ内容を重
　　　　　　　　　　ねて話す。
　　④　Repetition:　大切な内容を繰り返す。

⑤　Interaction:　発問をしながら生徒とやり取りをする。

⑥　Expansion:　生徒が誤りの含む発話を言い直したり，より良い表現に変えて話す。

⑦　Reward:　生徒の発話にポジティブな評価を言葉で与える。

これらの観点は生徒に理解可能なインプットを与え，生徒自身の英語を話そうとする意欲の向上につながるといえる。この生徒にとって理解可能なインプットを与えるという点は非常に重要である。仮に教師が生徒に理解不能なインプットを与え続けると，学習は起こらず，生徒も学ぶ意欲を失くしてしまうであろう。以下は筆者の提案する言語習得に寄与する，理解可能なインプットを与えるためのポイントである。

1)　できるだけ聞き取りやすい，正しい発音で話す

　生徒の言語習得を促すインプットを与えるためには文法的に正しく，語彙の選択が適当で自然な英語を，できるだけ正しい発音で話すことが望まれる。そのために教師として，自分の英語を常に磨き続けておくことが必要であるのはいうまでもない。しかしながら，「正しい英語」とはどのような英語を指すのか，意見は様々あろう。筆者自身は日本語訛りや，日本人英語話者特有の英語表現を含む英語であってもよいと考えている。あくまで，基本はネイティブの英語をモデルとしながらも，結果として出てくる日本人英語も許容していくべきであろう。大切なのは自信をもって自分の英語で生徒に話しかけるということだと考える。そのためには，「国際共通語としての英語」「リンガフランカ」の観点からも自分なりに「正しい英語」とは何かということを常に考えておく必要があるといえる。

2)　時にポーズを入れてみる

　生徒に英語を理解してもらうために，ゆっくりと話す，繰り返して話すことが効果的なのは理解できるだろう。ただ，ゆっくり話すことで「自然

さ」が失われたり，生徒の注意がそれてしまうことも考えられる。また，理解できないことを何度繰り返しても結局は理解できないことも有り得る。ここでの提案は長い英文を話す場合，ある意味のまとまりの後，ごく若干のポーズを入れて，生徒にインプットを処理する時間を与えるということである。例えば，I received an e-mail letter / from a friend who lives in Australia / and is thinking of visiting Japan this summer. の場合，基本的に自然に話しながら，letter の後，Australia の後などに，10 分の 1 秒程度のポーズを置くことが考えられる。また，文と文の間に若干のポーズを入れることにより，前の文章の処理をする時間を与えることも効果的である。

> While I was studying Teaching Methodologies at Georgetown University, I happened to find a student coming into a classroom wearing rugby jersey of the University.（1，2 秒のポーズ）I was surprised to know that there was a rugby club even in the American university and did not waste time in joining team.
>
> 　　　　　　　　　　（佐藤（2011）『異文化理解のための実践演習』より）

ポーズを入れることはインプット処理上効果的であり，すでに実践されている方もいるかと思うが，自然な発話の流れを阻害するという一面も考えられる。状況により，「ゆっくり話す，繰り返して話す」と併用してはいかがだろうか。

3)　ジェスチャーや顔の表情などの非言語コミュニケーションを活用する。

　言語よりもジェスチャーなどの非言語コミュニケーションにより伝わるメッセージが多いといわれている。理解可能なインプットを与えるために有効活用すべきである。また，ジェスチャーにより教師自身の英語の発話も促進されるという効力もある。ジェスチャー活用については，別の節で詳しく説明する。

138

4) 重要な語句，表現を黒板（スクリーン）に書く（映し出す）

英語を理解する上での重要なヒントをあらかじめ，あるいは発話と同時に（PC 利用の場合）提示することで理解を促進することができる。また，絵やイラストを用いることも効果的であろう。ただ視覚情報に頼りすぎると聞き取りの力が伸びないという弊害も考えられるので，インプットの目的と難易度などにより，柔軟に選択的に行うとよいだろう。

5) 柔軟に英語の難易度を変える

先に述べたように，言語習得のためには理解可能なインプット，それも学習者現在のレベルより，若干上の "i + 1" のインプットが必要である。したがって，"open your textbook"，"look at the screen" のような簡単なクラスルームイングリッシュだけではなく，しっかりと意味のある，まとまった内容の英語を教師は生徒に発話しなければならない。この若干難しいインプットを理解しようとすることにより，生徒の言語習得が促進されるというわけである。また，生徒がすでに知識として習得しているレベルの英語をインプットとして与えること，つまり，"i" やより簡単な "i − 1" のインプットを与えることにより，知識の深化・定着を図ることができる。与える英語のレベルにより，その効果が違ってくるので，教師には目的に応じて，自ら発話する英語の難易度を柔軟に調節していくことが求められる。また，"i" レベルのインプットと想定して発話しているときに，生徒が首をひねったりするなどして，上手く理解できていないことを示唆する反応を見せた場合は，その場で瞬時に英語の語彙や文法のレベルを変えていかなければいけない。これは高度な英語力と経験を要するが，言語習得に貢献する質の高い効果的なインプットを与えるためには，常に意識すべきだと考える。それでは，どのように理解可能なインプットを与えるかについて，具体的に Simplification（簡素化）と Elaboration（精密化）を例に見ていくことにする。

ベースの英文を *"He worked very hard to **discover** Tsuchinoko."* とし，

この英文での解釈の上でカギとなる discover が生徒は未習と仮定する。Simplification とは，生徒が難なく理解できるように語彙や文法を簡易化することである。例えば，discover は使わず，英文を "He worked very hard to find Tsuchinoko." とすることで，生徒は理解できるようになる。Elaboration においては，やり取りなどを通じて説明を加えたり，他の語・表現を並列したりすることにより，理解を促す。以下に例を示す。

T:　"He worked very hard to **discover** Tsuchinoko. Do you know what discover means, class?

Ss:　No.

T:　OK, it means "find." So, "He worked very hard to **discover** Tsuchinoko" means "He worked hard to find Tsuchinoko. He wanted to be the first person to see it.

Simplification では "i" あるいは "$i-1$" インプット，Elaboration では "$i+1$" のインプットとなっていることに気づいたであろう。英語での授業においては「生徒の理解できる英語」という観点から Simplification が多用される傾向にあるが，言語習得という観点からは Elaboration が重要であると言える。発話の目的に応じて，スムーズに理解してもらいたいのであれば，Simplification，上のレベルへの向上を目指すのであれば，Elaboration というように使い分けることが必要である。以下，もう一例あげるので，参考にしていただき，日頃からこの言い換えを練習してみてはいかがだろうか。

ベース文： At American universities, full and easy access to the internet is indispensable.

Simplification: At American universities, you always have to use the internet.

Elaboration:

（説明・並列）

At American universities, full and easy access to the internet, or the situation in which you can always use the internet easily, is indispensable, that is to say, definitely needed.

（やり取り）

T: At American universities, full and easy access to the internet … A kun, do you understand what "full and easy access to the internet" means?

A: Use the internet full?

T: OK, it means you can always use the internet easily. At American universities, full and easy access to the internet is indispensable. What does "indispensable" mean? B san?

B: Important?

T: Yes, very important. At American universities, full and easy access to the internet is indispensable or very important.

6) 生徒とのインタラクションを入れる

　教師が一方的に話すのではなく，生徒に問いを与えて発話する機会を与えることも忘れてはいけない。しっかりと聞きとっているかどうかの理解を確認するための質問ももちろん大切であるが，生徒自身の考えや意見，思考を問う「発問」も入れてみたい。例えば，教師が自分の昨日見た映画の話をした後で，"What movie did I watch?" と問うのは質問となる。理解を確認することはできるが，本当のコミュニケーションとは言えない。

一方，"What is your favorite movie and why?" などと発問すると，例えば，生徒が "I like「君の名は」because it is a wonderful romantic movie." と答え，教師が "I have never seen the movie. Did you cry while watching the movie?" と返して，やり取りを続けることができるだろう。インタラクションを通じて生徒の英語理解を確認し，理解度に応じて内容や英語の難易度を調整していきたい。

　以上，英語で授業を行う上での注意点をあげたが，やはり教師の高度な英語運用能力は不可欠である。また，日ごろから教師がコミュニケーション言語として自然に英語を使用していることも求められる。精進していきたい。

3.　英語の授業におけるフィードバック

　主に英語で行われる授業において，生徒は言語習得に不可欠な質の高い潤沢な英語でのインプットを得ることになるわけであるが，もちろんそれだけでは不十分ある。生徒自身が英語を発話するアウトプットも欠かせない。Swain（1985, 1995）のアウトプット仮説によると，アウトプットには，学習者が自分のアウトプットが相手に理解されるかどうか，文法や使用語彙が正しいかどうか試す「仮説検証機能」，アウトプットを通して，自分の知識の問題点に気づき，新たな言語知識を構築したり，自分の誤りを修正したりする「気づき機能」，さらに，アウトプットの際に使用する言語知識を検討したり，使用後に自分のアウトプットを振り返り，知識の整理や修正を行う「メタ言語機能」の 3 つの機能があるといわれている。これらの重要なアウトプットの機能を考えると，特に，教室外でほとんど英語を話すことがない日本のような EFL 環境においては，授業においてアウトプットの機会が保証されなければならない。

　さて，生徒はアウトプットすることにより，教師からフィードバックをもらい，それを受けて自らの発話を修正，訂正することにより習得が進ん

でいく。この生徒とのやり取りを重視した指導においては，教師が与える訂正フィードバック（corrective feedback: CF）の機能と効果について注目する必要がある。

3.1. 訂正フィードバックの種類とその機能

CF とは学習者・生徒の誤りを含む発話への教師からの反応，発話を指す。教師が正しい表現をさりげなく示すリキャスト（recast）や誤りを直接訂正する明示的訂正（explicit correction），学習者に修正を求めるプロンプト（prompt）と呼ばれる明確化要求（clarification request），繰り返し（repetition），誘導（elicitation），メタ言語的フィードバック（metalin-guistic feedback）などがある（Lyster & Ranta, 1997）。生徒が教師から CF を受けることにより，生徒は発話すべき表現と自分の誤りの違いに気づき，文法・語彙を学ぶことができると考えられている。以下，CF を種類ごとに紹介する。

リキャストとは，会話の流れの中で，さりげなく相手の間違いを訂正し，正しい表現を伝える方法である。

S: I don't take care of our pet dog often last year.

T: Oh, you didn't take care of your dog often. （←リキャスト）

S: Ah, I didn't take care of my dog.

S: I will drink, drink medicine.

T: Yes. You will take medicine. （←リキャスト）

S: Oh, Yes. Yes. Take medicine.

これらの例では，リキャストを受けて，生徒が自分で誤りに気づき，誤りを訂正することに成功している。リキャストは明示的に直接に誤りを指摘しないので会話の流れを阻害することがなく，学習者にとって優しい CF といえる。また，教室で最も多用されている CF だと考えられている。

これに対して，明示的訂正は，生徒の発話の誤りを直接明確に指摘し，正しい表現を示す方法である。

S:　I watch the movie last night.

T:　I watched the movie last night. (←明示的訂正)

この方法は明確に間違いと正しい表現を生徒に伝えることができるが，コミュニケーションの流れが遮られてしまうという弊害が考えられる。実際に筆者の研究 (Sato, 2011) においてもリキャストの後において沈黙が続いたり，突然，話題が変わったりするようなコミュニケーションが遮られてしまう現象 (communication breakdown) が発生したのは 7% だったが，明示的訂正だと 50%，また，後に紹介するメタ言語的フィードバックだと 40% という結果が出ている。

　次の明確化要求は正しい表現を示さず，生徒自身に訂正を求めるプロンプトと呼ばれる CF である。

S:　Why did he spoke France?

T:　Pardon? (←明確化要求)

S:　Why did he speak French?

この例では，生徒は自分の発話が正しく理解されなかったことに気づき自ら修正している。

　次の例は，同じく学習者自らに修正を求める CF の 1 つの「繰り返し」である。誤りの部分の声の調子を変えたり，音量を大きくしたりして，誤りを繰り返し，生徒に誤りを気づかせて修正させる。

S:　Biwako

T:　Biwako (顔をしかめ，ko を強調して). (←繰り返し)

S:　Ah, Biwa lake, Lake Biwa.

この例では日本語の使用を修正させることに成功している。

「誘導」も生徒自身に修正を求めるプロンプトの一種である。

T: Why did you have difficulty speaking in English?

S: Because I didn't have confident.

T: Have, … confident? (←誘導)

S: … Ah, confidence.

この例では，教師が過ちの手前を繰り返し，そこでポーズを入れ，生徒に気づきと修正を促している。最後に「メタ言語フィードバック」だが，このプロンプトでは生徒に過ちに関する文法や語法の情報を与え，修正を促している。

S: Yesterday I studied three hour.

T: Plural, 複数です. (←メタ言語フィードバック)

S: … three hours.

このように，誤りをどう訂正すべきかという情報がはっきりと示されるので，修正される可能性も高いといえるが，先に述べたように，他のプロンプトと同様に，コミュニケーションが遮られてしまうという弊害が起こりやすい。

以上，例をあげて紹介したように，生徒とのやり取りにおいて CF を与えることにより，生徒の英語習得を促進し，教室内での文法指導においても効果的であると考えられる。しかしながら，生徒が CF などのフィードバックを受けて新知識を習得していくには，ある程度，対象となる項目への知識があることが前提であると考えるべきである。特に，日本のような英語に接し使用する機会が限られている外国語学習環境では，インタラクションにて新知識を習得させる効果は極めて限定的であるといえる。確かに，CF は知識として理解した言語知識を確認・強化していく上で非常に大きな役割を果たすことには間違いないが，CF（のみ）による，新知識の習得は難しいと言わざるを得ない。膨大なコミュニケーションの機会

があるのであれば別だが，現実的には，新知識を習得する上では極めて非効率的だといえる。まずは，習得を目指す目標文法項目を学習者にはっきりと意識させ，明示的に説明し教える「明示的指導」を行い，その後，コミュニケーション活動において，CF を与え，生徒が得た知識をさらに深化させ定着させていくのがより効果的であると考える。

3.2.　生徒の発話を促すフィードバック

　英語での授業において，教師が英語を話すだけではなく，生徒ができるだけ多く英語を話すことも必要である。しかしながら，日常的に英語を使う機会のない生徒にとって英語で発話するのは決して低いハードルとはいえず，したがって，教師が上手く，生徒が英語で発話するよう仕向けていくことが重要である。ここでは香港で利用されている LPATE（英語教師言語能力評価）を参照して提案された中田他（2018）をさらに筆者がアレンジし，どのように生徒の英語での発話を引き出すことができるか，機能別に提案していく。会話例は筆者の勤務校の「外国語コミュニケーション」というオンライン授業にて記録された会話からの抜粋になる。（なお若干の英語の誤りは修正しています。）

発話を引き出す教師の英語使用：機能別（中田他（2018）を参考に筆者が作成）

1.　Elicitation（誘出）：生徒の発話中に適度に言葉を入れ，生徒の長い発話を引き出す。

　　S:　It was raining but I got up to go jogging.
　　T:　Though it was raining you ….
　　S:　Though it was raining I decided to run because running in the rain is OK and comfortable for me. It was like taking a shower. I like it.

教師が短い言葉を挟むことにより，次に話すことを導くことができる。また，部分的に引き出した発話を言い換えてつなげ正しい表現を示し，さらに発話を促すことも可能となる。

S: I lived in Nagano. Famous temple, Zenkouji.

T: Oh you lived in Nagano, which is famous for Zenkouji. I guess a lot of people ...

S: Yes. Many people, many tourists come to Zenkouji in vacation.

さりげなく正しい英語を示し，さらに次の発話を自然に引き出している。機能的にはリキャストと共通するところがある。

2. Facilitation（促進）：生徒間のやり取りをまとめた上で，発展的な発話を促す。ペアやグループでの生徒同士でのやり取りにおいて，会話が止まってしまったり，日本語になってしまうことがよく見られるが，そのような場合には積極的に介入して，英語での会話を促すとよい。

S1: I think we can drink water in class but juice? I don't know .... not good?

S2: Yes, thirsty? water is OK ... but juice, cola? ... bad? ...

T: OK. You think students can drink water when they are thirsty in class but soft drinks are not OK.

S1, 2: Yes.

T: So how about eating? Is it OK to eat in class when hungry?

S1: Of course, bad because (continues)

あくまで生徒の発話を促進することを目的とし，話しすぎないことを意識すべきである。

3.　Clarification（明確化）：　言語的な面の理解確認だけではなく，生徒の発話の意図を尋ねる質問をし，さらに発話を促す。

S:　Japanese people cannot speak English.　We don't need.

T:　All of the Japanese?　There is no need of English at all?

S:　Ah, not all but many.　In Japan we can live peace, peacefully, if we don't speak English.

日本人学習者は過剰に単純化された英語を頻繁に発話する傾向にある。そのような場合は，より明確で正確な英語に言い換えるよう，フィードバックを与え，さらに発話を促すとよいであろう。

4.　Correction（修正）：　生徒の発話の誤りを言い直し，気づきの機会を与える中田他（2018）ではリキャストが修正のためのフィードバックとして取り上げられている。前にも述べたように，特に間違いを恐れる日本人学習者に対してはさりげなく与えられるリキャストが，生徒の発話を促進するためには有効である。以下の例では，学習者は自分の誤りを訂正していない。Yes とリキャストを承認し，会話を続けているが，誤りに気づいた可能性はある。また，会話がフィードバックに妨げられることなく続いている。

S:　I live in Nagano for 18 years and come to Nara last year.

T:　Oh, you lived in Nagano and came to Nara last year.

S:　Yes.　I love Nara very much.

このように生徒に誤りに気づく機会を与え，さらに会話を促進していくリキャストを有効に活用していくとよいであろう。

5.　Comment（意見）：　生徒の発話を口頭で要約した上で，発話者，あるいはクラス全体に内容的なコメントを与える。

148

S: I think English is very important but other foreign languages, Korean and Chinese are also important. I have a friend from Korea and she cannot speak English well. I wanted to talk with her in Korean language but I couldn't.

T: **You think we should learn not only English but also some other languages as well. Yes. This is an important point. When we say learn a foreign language, 外国語を学ぶ, most of us may think it is English. But there are lot of foreign languages spoken by many people. I agree that we should try learning one more foreign language. Then, what foreign language do you want to learn? ....**

このように発話の内容をまとめ，コメントすることにより，発話者（生徒）に「上手く内容が伝わった」という達成感を与え，モチベーションを高揚させることができる。

6. Assessment（評価）： 生徒の発話のレベルを判断し，詳細なアドバイスを与える。

S: If I'm a boy, I will play rugby.

T: **Oh, now many girls play rugby as well. You can do it. You said, "If I'm a boy, I will ..." But as you are not a boy. You can use「仮定法」If I were a boy I would play rugby.**

この例では，発話者に仮定法に関する明示的な知識があると判断して，より正確な発話のための助言を与えている。このような，特に言語面に対する助言はその場で適切に与えられると効果的である。しかしながら，会話の流れを止めてしまう可能性もあるので，状況に応じて柔軟に対応するとよいであろう。なお，同志社大学の中田賀之先生のHPに教師の使用す

る英語について「教室内教師英語力評価尺度」として詳しく書かれており，非常に参考になるのでご覧いただければと思う (https://yonakata.doshisha.ac.jp/index.html)。

3.3.　生徒の「学習者が英語でコミュニケーションを主体的にとろうとする態度」をどのように向上させるか

　「コミュニケーション能力の育成」が英語教育における大きな目標の 1 つであることは言うまでもないだろう。これを達成するためには，教師ができるだけ英語を使用し，生徒自身も実際に英語を使用して能動的に活動することが求められる。しかしながら，生徒が主体的に英語を話そう，英語を使ってコミュニケーションを図ろうとする意欲は決して高いとはいえないのが現状ではないだろうか。その理由として，正確性に重きを置いた授業にて生徒が誤りを恐れて英語を使いたがらない状況や，日常生活において英語に触れることが少なく，また英語でコミュニケーションをする必然性のあまりない環境において，多くの生徒は英語を言語としてではなく入試科目の 1 つとして学んでいるという状況等が考えられる。したがって，このような EFL 環境において，いかに生徒の英語でのコミュニケーション意欲を高めていくかが，大きなカギになる。この「学習者が英語でコミュニケーションを主体的にとろうとする態度」(Willingness to communicate: WTC) をどのように向上させるべきか，教師の与えるフィードバックとの関連も含めて考えていきたい。

　WTC とは文字どおり，「機会があれば他者とコミュニケーションしたい」という意欲である (e.g., MacIntyre, 2007; MacIntyre et al., 1998)。先に Swain のアウトプット理論で述べたように，英語を話すことは英語学習において必須であり，日本のような EFL 環境においては英語の授業が数少ない（あるいは唯一の）英語を話す場であるので，授業において生徒の WTC が高い状態であることは理想である。逆に WTC が低いと「コミュニケーション能力の育成」は難しいということになる。WTC には内向的・

外交的のような特質としての WTC（trait WTC）と，状況や場面により
変化する場に依存する WTC（state WTC）がある。例えば，ある人が特
質としてもともと高い WTC をもっていたとする。これは性格が内気で
あるとか外交的であるとかいうようにある程度安定している。それでも，
その（比較的高い）WTC が場の状況によって波のように変動すること
がある。以下は筆者の研究（Sato, 2020）で記録されたある大学生の発話ごと
の WTC の動きである。録画したコミュニケーション活動を見ながら学
生自身で WTC の高さを採点した結果である。縦軸が WTC の高さ，横
軸は発話である。

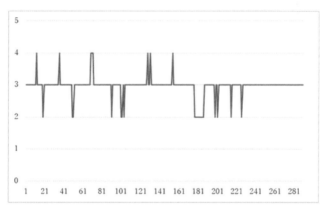

授業内での WTC の動き

この学生はアンケート調査から比較的高い特質として WTC（trait WTC）
を持っていることが判明したのだが，それでも活動中に WTC が波のよ
うに変動している。これが場に依存する WTC（state WTC）である。
　内向的な人を外交的な性格に変えることが難しいのと同様に，元々持っ
ている特質としての WTC を向上させるのは時間がかかり容易ではない。
しかしながら，教師の工夫，努力により，場に依存する WTC を引き上
げることは十分可能である。
　さて，それではどのような学習環境において生徒の WTC の向上が期

待されるのだろうか。Kang（2005）は，Sense of security, Excitement, Responsibility の 3 要因をあげている。Sense of security,「安心感」とはトピックに関する背景知識があり，また，何をどう言っていいか分からないというような不安がなく，安心して外国語でのコミュニケーション活動ができる状況での精神状態を指している。改訂型 PPP で考えてみると，Presentation（提示・説明）でしっかりと理解し，Practice（練習）で十分練習した上での活動の重要性を示唆していると解釈できる。Excitement, とは「興味や話すことの充実感・幸福感」を指す。生徒の興味のあるトピックを選び，生徒が成功体験を得る形で活動できるように教師側が工夫する必要があるといえる。このあたりも，ステップバイステップで小さな成功体験を積み重ねていく改訂型 PPP との整合性も見られる。Responsibility,「責任感」とはコミュニケーションすることへの義務感や学ぶことの重要さへの認識を指す。活動の意義や目的を明確にすることの必要性が示唆される。学習目標文法を実際にコミュニケーションで使用できることが最終目標であると生徒に自覚させて，そのために意識的に練習させることに意義があるといえる。この 3 要因は形式よりも内容を重視したタスク中心教授法（Task-based language teaching: TBLT）や内容言語統合型学習（Content and language integrated learning: CLIL）においても十分に考慮されるべきであろう。

　筆者は Kang（2005）の理論的枠組みをベースに教師と学習者との英語でのやり取りの中で，どのように学習者の WTC が変動するのかを勤務する大学の上級者，初級者を対象に記録し分析した（Sato, 2020）。上級者はそれぞれ英検 1 級，準 1 級取得済みの英語教育専修の学生，初級者はそれぞれ，英語を苦手と自認する学習者である。約 20 分の筆者との英語でのやり取りの間に 4 人の WTC は先に示したグラフのように発話ごとに波のように変動していた。とくに初級者の場合は変動が頻繁に起こっていたが，その後のインタビューにおいて変動の理由を確認したところ，「安心感」と「英語への自信」がその変動に大きな影響を与えていたことが

152

判明した。つまり，発話時に安心感が高かったり，英語に自信があった場合はWTCが高く，逆の場合はWTCが低かったということである。対象の学習者が限定された事例研究であるので，あくまで示唆であるのだが，生徒のWTCを高めるためには，しっかりと練習し自信をつけ，不安を取り除いて活動することがカギであるといえるのではないだろうか。上級者に関しては自分の意見や考えを述べる機会や，英語への自信がWTC向上の要因となっていた。割と熟達度の高い生徒に対しては自由なコミュニケーション活動が有効であると示唆される。教師の与えるフィードバックのWTCへの影響については，学習者のレベルに関わらず，さりげなく暗示的に与えるリキャストや，"Oh, I'm sorry to hear that"などの 学習者の発話に対するコメント，"OK, you enjoyed it very much"のように，聞き手である教師が発話を正確に理解したことを示す「承認」がWTCの向上に貢献し，一方，明示的訂正やメタ言語フィードバックなどの明示的フィードバックはWTCを下げることにつながっていた。生徒との英語でのやり取りにおいてWTCを下げることなく，コミュニケーションを続けていくためには，文法や語彙の誤りの指摘，修正は会話中はリキャストなどでさりげなく行い，活動後にしっかりと明示的に教え，さらに練習の機会を作ることが効果的であると示唆される。また，教師，学習者ともに発話にジェスチャーが伴った場合はそうでない場合よりも学習者は高いWTCを記録しており，英語での授業における非言語コミュニケーション手段の役割も考慮に入れておく必要があるといえる。ジェスチャーについては次節で詳しく述べていく。

4. 英語の授業でのジェスチャーの効用

外国語の授業において，ジェスチャーや顔の表情などの非言語コミュニケーションが 非常に重要な役割を果たしていることが明らかになっている (e.g., McCafferty, 2004)。ジェスチャーの機能は大きく分けて2種類あ

る。1 つは発話者自らの発話生成を促進する機能，2 つ目は視覚的手段により，聞き手に情報を伝達し，理解を促進させる機能である (e.g., McNeill, 1992)。日本のような EFL 環境においては，一般に教師自身も英語の発話に困難が伴うケースが多く，生徒の多くも英語熟達度が低いといえる。したがって，教師，生徒ともにこのジェスチャーの「発話を促進させ」，「聞き手の理解を助ける」2 つの機能を有効に活用すべきだといえる。ジェスチャーの分類は研究者により多少の違いがあるが，以下のようにまとめることができる (e.g., McCafferty, 2004; Sato, 2018)。

1. 主に手の動きによるジェスチャー (Hand gestures)
    a. 映像的ジェスチャー (Iconics)： 具体的な事物や行動・動きを示す
       例　教師： After you put it in your file, please open the textbook.
       （発話時に，ファイルにプリントを入れる動作に続き，教科書を開くしぐさをみせる）
    b. 暗喩的ジェスチャー (Metaphorics)：抽象的な内容を手の動きで示す
       例　教師： People help each other, when in trouble.
       （右手を前に差し出し，一人の生徒を指し，他の生徒へとその手を動かす）
    c. 直示的ジェスチャー (Deictics)：指や手のひらで具体的な事物を指し示す
       例　教師： Let's begin, so Question 3.
       （左手でプリントを持ち上にあげ，右手で第 3 問を指す）
       直示的ジェスチャーは抽象的な事物を指すこともある。
       例　教師： I went to Shiga Prefecture the day before yesterday, so, Sunday.

　　　　　("the day before yesterday" を発話するときに，右手の親
　　　　　指を右上後方へ 2 度動かす)

　　　d.　ビート (Beats)：手や指をリズムをとりながら上下に振る

　　　　　例　教師：　I didn't play volleyball.

　　　　　(右の手の平を上下に素早く動かしながら "didn't play
　　　　　volleyball" と発話)

　2.　首や頭を動かすジェスチャー (Head movements)：　肯いたり，
　　　首を傾げたりする

　　　　　例　生徒：　Eat food.

　　　　　教師：　eats?

　　　　　(発話と同時に首を傾げる)

　3.　感情表現 (Affect displays)：主に顔の表情で感情を表す

　　　　　例　生徒：　Brothers' tie is strong.

　　　　　教師：　Wow, good sentence!

　　　　　(大きなスマイルで感嘆の気持ちを示す)

　4.　エンブレム (Emblems)：　OK サインのように，社会的に認めら
　　　れ，所属する文化グループメンバーに共有されている動作

　　　　　例　教師：　Not blank here.

　　　　　(右手人差し指を立て，左右に素早く動かす)

分類方法は研究者により異なるが，以上みてきたように，多様なジェス
チャーがあると分かる。では筆者の研究 (Sato, 2018) から，ジェスチャー
の効用についてもう少し，具体的に見ていくことにする。二人の教師を対
象とした事例研究として参考にしてもらえればと思う。

　1a の映像的ジェスチャーでは，実際の動きを生徒に示すことで，英語
の理解を助けている。1b の暗喩的ジェスチャーは難易度の高い，抽象的
な事柄・概念を示すために，教師が自らの発話を促進するときにしばしば
用いられる。次の例をみていただきたい。

　例　A 先生：　For example, I put high value on interaction with K
　　　　　　　　　（学校の名前）High School students.

　　（"high value on interaction" を発話するときに，胸にあてた右
　　手を生徒のほうへ差し出す動作）

この例ではジェスチャーが先行し，"high value on interaction" という発
話が続いたが，ジェスチャーしながら，英語の的確な表現（high value on
interaction）を探していたと解釈できる。また，このジェスチャーが生徒
の理解を助けていたという効用もあるだろう。1c の直示的ジェスチャー
は人や物を直接指し示すので，生徒への視覚情報として有効である。ま
た，直示的ジェスチャーは抽象的な事物を表現する働きもあり，次の例で
は，生徒の理解を助ける上で大きな効果をあげている。

　例　B 先生：　Yesterday.
　　（右手の親指で自分の右後ろを指し示す）

　例　B 先生：　I went to Shiga Prefecture the day before yesterday,
　　　　　　　　　so, Sunday.
　　（右手の親指で自分の右後ろを 2 度指し示す）

B 先生は「昨日」を表現するとき，常にこの右手の親指で自分の右後ろを
指し示す動作を行うのだが，上の例ではこれを 2 度繰り返すことにより
"the day before yesterday" という生徒にとって未習の表現を理解させる
ことに成功している。このようなジェスチャーの創造的な活用は，「聞き
手の理解を助ける」ための大きな可能性を示しており，有効に利用される
べきだと考える。また，直示的ジェスチャーから他のジェスチャーへの移
行も頻繁に観察された。次の例では A 先生は最初に黒板に貼られている
写真を示し（直示的ジェスチャー），次に何かを書く動作をしている（暗
喩的ジェスチャー）。

例　A 先生：　Japanese sociologist, a professor who studies sociol-
ogy.

（右手の人差し指で写真の女性を指し，その後 "who studies so-
ciology" と発するときに，何かを書いている動作を行う）

このように，複数のジェスチャーを連続して用いることも話し手の発話を
促進させ，聞き手の理解を助ける上で有効だといえる。

1d のビートには伝えようとしている内容の外在化の促進と，発話の流
れをスムーズにし，発声そのものを促す働きがあると考えられている
(McCafferty, 2004)。筆者も英語をより滑らかに話そうとするときに，無意
識に手でリズムをとっていたという経験が思い当たるが，読者の皆様はい
かがだろうか。

2 の首や頭を動かすジェスチャーにおいては肯いたり，首を傾げたりす
ることにより，生徒にこちらの理解を示したり，生徒の発話が不十分，不
正確であったことを示すことができる。これも生徒との会話をよりスムー
ズに進めていく上で，重要な役割を果たしているといえる。日本語での会
話では通常無意識に見せているジェスチャーであるが，英語での会話にお
いてはある程度，意識しながら意図的に行う必要もあるのではないだろう
か。

3. 感情表現について，スマイルを取り上げたい。

例　A 先生：　So, today, D（生徒の名前）．Could you report?
（D にスマイルとともに話しかける）
生徒 D：　Yes.

例　A 先生：　You couldn't.　OK
（"OK", と言うときにクラス全体を見て大きなスマイル）

最初の例では，スマイルにより奨励的な雰囲気を作り，生徒 D の発話を
引き出すことに成功している。2 つ目は，すべての生徒がタスクを終える

ことができなかったと判明した時に発せられたのであるが，大きなスマイルが伴うことにより，協力的・奨励的雰囲気を維持することに成功している。先行研究においてもスマイルは，協力的・奨励的雰囲気を授業にもたらすとされているが（e.g., Frymier & Weser, 2001），筆者の別の研究（Sato, 2020）でも教師がスマイルすることにより学習者の英語でコミュニケーションしようとする意欲（Willingness to communicate: WTC）が向上したことが観察されている。

　また，Sato（2018）では，自分の個人的なことを話すときやユーモアを示すときに常にスマイルが観察された。

　　例　A 先生：　I also like TV and the Internet.
　　（嬉しそうに大きなスマイルでクラス全体に話す）

　　例　A 先生：　Yeah, I don't know whether Bhutanese people like
　　　　　　　　　Lady Gaga or not.
　　（大きなスマイルでクラス全体に話す）

日本のような EFL 環境における英語での授業においては，教師と生徒の間に心理的な距離ができてしまい，生徒の不安感が増すことが考えられるが，スマイルのような感情表現を有効に用いることにより，この問題を軽減し，さらに生徒の動機づけを高めることができると考えられる（e.g., Hsu, 2010）。意識的にスマイルを活用してはいかがだろうか。

　次に恐縮ではあるが，筆者の研究をもう 1 つ紹介したい。前節で取り扱った訂正フィードバック（corrective feedback: CF）とジェスチャーの関連を検証した研究である（Sato, 2019b）。生徒が誤った発話をした場合，教師は CF を与え，生徒に自身の誤りに気づかせ訂正を促すのであるが，問題として，生徒が教師の CF に気づかない，つまり，CF をもらっても，教師の修正してほしいという意図に気づかないという状況があげられる。この研究では中学と高校の教師二人の CF にジェスチャーが伴った場合，

生徒の気づきやその後の修正に効果があるかということが検証された。結果として，CF にジェスチャーが伴ったケースでは，生徒が自身の発話の誤りに気づき，その後修正をした成功率は 57％で，一方，CF にジェスチャーが伴わなかった場合の修正成功率は 9％という，ジェスチャーの圧倒的な効果が認められた。以下は，実際のやりとりの例である。

> 例： 誘導 (elicitation) とエンブレム (Emblem)
> 生徒： He play baseball.
> 教師： Happiest when? (右手の手のひらを右の耳の横で開きながら)
> 生徒： あ～，(頷いて)，when he plays baseball.

教師は生徒の誤りを含む表現に対して，Happiest when? と誘導 (elicitation) とよばれる CF を手のひらを耳の横で開くというエンブレムにあたるジェスチャーとともに生徒に与え，CF の明示性を高めており，その結果，生徒は自身の誤りに気づき修正に成功している。次は繰り返し (repetition) とビート (beat) の組み合わせである。

> 例： 繰り返し (repetition) とビート (Beat)
> 生徒： Seventeen
> 教師： Seventeen ("teen" のところで，右手人差し指を 2 度リズミカルに拍子をとるように動かす)
> 生徒： … Seventeenth

ビートは発話者の発言を促進する働きがあるが，ここでは生徒の気づきを促すことに成功している。

　このようにジェスチャーは口頭でのメッセージをより効果的かつ効率的に伝達するのを助けるという働きがある。これは，特に CF を与える際にもいえるであろう。授業で意識されてはいかがだろうか。

　「英語での授業」において，我々教師の英語での発話を生徒に理解してもらうために，ジェスチャーを活用することは非常に有効だと考えられ

る。例えば，正確な意味や情報を伝えるための直示的ジェスチャー（Deictics）や映像的ジェスチャー（Iconics），さらに抽象度の高い事柄には，暗喩的ジェスチャー（Metaphorics）を意図的に授業で用いるとよいであろう。また「英語での授業」での生徒の不安を軽減し，より協力的・奨励的な雰囲気を作り出すためには，スマイルなどの感情表現（Affect displays）が有効だといえる。生徒の不安度の低い状況は第二言語習得を促進させる上で大きな鍵であるので（Krashen, 1982）ぜひともこれを授業で有効活用したい。

　教師には，できるだけ正確かつ流暢に英語を発話することが求められるわけだが，ジェスチャーの発話を促進させる機能に注目し，教師が言いたいことを英語で即座に的確に言えない状況に直面したときに，すぐに諦める（日本語へのコードスイッチ）のではなく，ジェスチャーで一瞬の時間をとり，適切な表現をサーチして英語での発話を続けていく，さらにはジェスチャーしながら考えをまとめていくということも提案したいと思う。「英語での授業」を効果的に実践するためには，質の高い潤沢な英語を生徒に与えられるよう，まず第一に教師自身が，高度な英語力を身につけなければいけないことはいうまでもないが，それに加えて，ここまで述べてきたように，生徒の英語の理解を促し，教師の発話を助けるジェスチャーの活用を考えていただければと思う。

5.　日本語の使用

　日常的に英語に触れる機会のない EFL 環境において，授業を主に英語で行うことにより，生徒にできるだけ多くの英語に接する機会を設けることは大変重要であり，授業ではできるだけ英語を用いるべきである。では，日本語の使用は完全に排除されるべきだろうか。筆者の答えは「ノー」である。かつては，外国語教育においては目標言語のみを用いて授業を行うべきだという考えが世界的に主流を占めていた時期もあったが，現在，

第二言語習得研究においても一般に，教師と生徒が第一言語（L1）を共有しているのであれば，L1 を選択的に有効に活用すべきだと考えられている。例えば，「第一言語は第二言語習得において重要な役割を果たす」(Butzkamm, 2003)，第一言語使用は効率的である」(Hammerly, 1991)，「第一言語使用は許容されるだけではなく，必要とされるべきである」(e.g., Yamamoto, 1997) という考えには筆者も同意するところである。

　英語を基本としながらも日本語を選択的，効率的に授業では用いていくべきあるが，それでは，どのような場面で，どのように用いていくべきであろうか。以下，日本語を活用できる場面を提案する。

1) 文法説明

　PPP ベースの授業における演繹的文法指導においては，主に日本語を用いるのが効率的かつ効果的であろう。ただし，文法用語は多用せず，簡潔な日本語で，英語の例文をできるだけ多く交えながら行うのが理想であり，その際，学習者の認知的レベルに応じた「気づき」やなぜそうなるのかという知的好奇心を刺激する説明，また過去に学んだ文法知識との関連づけを促す文法説明などを意識する必要がある。一切日本語を使わず，無理にすべてを英語で説明しようとして，話している教師自身も何を言っているのか分からなくなってしまうような事例を過去に見聞きしたが（筆者自身の経験も含みます），英語で難しいのであれば，日本語を使うことに躊躇する必要はないかと考える。しかしながら，例文を示しながら簡単な英語で説明できるのであれば，英語での文法説明も選択肢としては十分に有り得るであろう。自身の英語力，生徒のレベル，指導する文法項目を考慮し，教師が英語か日本語かを決めればよいであろう。

2) 英文和訳

　授業での英文和訳を奨励しているのではない。むしろ，従来の英文和訳中心の授業からは脱却すべきであるし，考査においてもその妥当性，信頼

性の低さから，英文和訳は使用すべきではないと考える。しかしながら，授業において，英文の構造を確認するために，時に，英文和訳作業を効果的に用いることができる。その際には，一方的に訳を与える，訳させるのではなく，英語を交えながらインタラクションをとり，確認しながら行うとよいであろう。以下はその活動例である。

> 英文　As time passed, I found it more difficult to make myself understood in English.
>
> T:　As time passed.　What does "As" mean here?　この as はどういう意味だろう？
>
> S:　「～につれて」
>
> T:　Then, translate it.
>
> S:　「時間が経つにつれて」
>
> T:　Yes, that's right.　Then, "I found it", be careful about "it". This is 仮目的語, and real 目的語 is "to make myself understood in English."　Make A 過去分詞 means「A を～の状態にする。つまり，anyone?」
>
> S:　「英語が通じる」？
>
> T:　Yes.　That's right.　So,「時間が経つにつれて」, Can anybody continue?
>
> S:　「時間が経つにつれて，通じるのが難しいと分かった」
>
> T:　OK

これはあくまで一例であるが，部分的に英文和訳を効果的に使い，文構造の理解の確認を行うことが可能である。しかしながら，あくまでこの英文和訳は限定的・選択的に必要な場合のみ行うべきと考える。

3)　発音指導，音声面の指導において

　舌の位置や動かし方，息の吐き方等，発音に関する指導などは日本語で

162

行ってもよいであろう。日本語と英語の音の比較等についても同様である。ただ，発音については日本語での説明においても，あまりに詳細に複雑な説明をするのではなく，実際に正しい音を聞かせて練習することを重視すべきであろう。

4)　活動や宿題，考査についてなどの重要な情報伝達

　生徒が理解できなければ，大きな不利となってしまう重要な「情報」，例えば，課題や試験についての情報などは，生徒全員に正確に伝えなくてはいけない。これを英語で確実に行えるのであれば問題ないが，ごく少数でも英語での理解に困難の伴う生徒がいるのであれば，日本語で伝える，あるいは英語の後で日本語を加える等の手立てが必要である。

5)　抽象的で深い議論をする場合

　ごく稀に，授業内容から若干離れて抽象的な深い議論をすることがあるかと思う。例えば，私の学部の授業においても，What is an antonym of love? という問いから，love と hate, indifference の概念について議論になったことがある。そもそもは反意語の意味を確認することが目的の問いで，最初は，That must be, of course, "hate" because hate means you don't like or love somebody. Yes, I agree のように学生の間で英語での簡単なやり取りが進んでいった。ところが筆者が，"Then, can't you love and hate the same person at the same time?" と投げかけたところ，学生たちは首を傾げ，一人が，Is it OK in Japanese? と日本語で自分の意見と経験を話し始めた。他の学生もそれに続き，筆者がマザーテレサの「愛の反意語は憎しみではなく無関心だ」という発言とその背景を日本語で説明したところ，さらに深い議論へと発展していった。この状況において，いつの間にか使用言語はほぼ日本語になっていたのである。これについて，筆者が舵取りをして，すべて英語で行うべきだったという考えもあるだろうが，英語にこだわることにより，やり取りの内容が表層的で浅いも

のになってしまう場合においては，日本語で行うことを良しとしていいのではないだろうか。英語で行うことにより，情報が過度に単純化されてしまったり，あるいは意図しない内容になってしまうケースは避けるべきだと考える。そのためには本当に言いたいことを正確に英語で伝えることが求められるわけだが，トピックと学習者の英語のレベルにより，それが難しいのであれば，日本語で行うことも選択肢としてありうるかと思う。ただ，今振り返ると，love に関する議論について，筆者はすべて英語で行い，学生には日本語も認める形式で行うべきだったのではと反省もしている。読者の皆さんはどのように考えるだろうか。

6)　生徒との友好的な関係を気づく

　英語での授業においては生徒との心理的距離を感じることがあると思う。授業では，生徒との友好的なラポート関係を築き，和やかな雰囲気を作るのが理想だが，英語での授業では，授業の雰囲気が硬く冷たくなったりした経験は皆さんにもないだろうか。これを解消する 1 つの方法として，英語でも十分通じる内容を時々敢えて日本語で言ってみてはどうだろうか。とくに，その先生独自の言い回しであったり，関西弁，北海道弁などのその土地の方言を入れてみるのも一考である。例えば，

> Thomas Edison was always a very hard worker. When he was 12, he started selling books, newspapers and sweets on a local train at the age of 12. When he was not busy selling items, he would read the books and magazines. の後に，「めっちゃ，ハードワーカーやん。見習わなぁあかんで」などと言ってみて，教室の雰囲気が和やかになったことがあった。あくまで，ごくたまにこのように日本語を使ってみてはいかがだろうか。

7) 生徒の注意を引く

　言語をスイッチすること，つまり，英語から日本語，日本から英語に変えることにより，聞き手の注意を引くことができる。脳において日本語と英語を処理する箇所が違うからという説もあり，これについて筆者は定かではないが，授業や講演，研修会等で，言語を変えた瞬間に聞き手が顔を上げた，半分眠っていたような生徒・参加者が目を覚ましたという事例を多く経験してきた。そこで，ごくたまにではあるが，敢えて意図的に使用言語を変換し，聞き手の注意を引くようにしている。ただ過度に行うと，ルー大柴さんのように面白さだけが際立ってしまうので，注意が必要だが…

8) トランスランゲージング (Translanguaging)

　生徒と教師が共通の第一言語，日本語を共有している場合，日本語も1つのリソースとして英語と日本語の両言語を有効に活用していくというのが，トランスランゲージングの理念である (e.g., García & Wei, 2014)。日本人英語学習者が英語を理解し発話するにおいて，日本語と英語の2つの言語が相互に依存し合っているので，英語学習においては，日本語の使用がよい影響を与える場合があるということになる。2つの言語が混在するコードスイッチング (Code-Switching) はどちらかというと，母語の使用を否定的に捉えることが多いが，このトランスランゲージングはむしろ，この状態を肯定的に捉えている。日本の EFL 学習環境では絶対的に英語のインプットが不足しており，したがって，教師は，授業にてできるだけ英語を用い，言語学習を促進するインプットを与え，生徒自身にもできるだけ多くのアウトプットをさせる必要があるのだが，生徒の英語のインプットの理解を助け，アウトプットの質を高めるために，トランスランゲージングの理念に基づき，限定的・選択的に日本語使用を活用していくことも場合によっては必要であろう。前述した，英文の部分的和訳をインタラクティブに行い，英語の理解を確認していくのもトランスランゲージ

ングの一例といえる。また，英語でエッセイを書かせる場合に，まず最初
にペア（グループ）でトピックに関して自由に日本語で話し合う時間を設
け，アイデアや着想を得た上で，英語でのエッセイに取り組ませることも
一案である。個人，またはグループで英語でのプレゼンテーションを行う
前，プレゼンの内容について，あるいは使用すべき英単語や文法について
日本語で意見交換させることも考えられる。以下に，トランスランゲージ
ングに基づく，筆者が実際に行った活動例を紹介する。

> Topic:　Cyber *love*（*Impact Issue 1* Unit 8 ）
>
> Task:　　Anna says, *"the internet is a good place to begin a rela-*
> *tionship." What do you think of Anna's opinion?*
>
> （Anna の「インターネットは人との関係を築くのに良い機会だ」とい
> う意見に対してあなたはどう思うか。パートナーと英語で意見交換す
> る。）
>
> 活動手順
>
> 1.　Think by yourself（思いつくことを日本語で箇条書きでメモする）
> 2.　Talk freely with a partner in Japanese（日本語でやり取りする）
> 3.　Preparation of the Talk in English（英語で言えるよう準備する）
> 4.　Talk with another partner in English（別のパートナーと英語で
> やり取りする）

1，2 を日本語で行うのは，アイデアを整理し，より深い思考を促すため
である。英語の使用をこの活動の第一義とするのであれば，すべて英語で
行うべきと考えられるが，この活動では，内容を重視し，英語のみで行う
ことにより表層的な深みの無いやり取りや真意とは違う発話になってしま
うことを避けるために，日本語の使用を奨励した。4 での英語での発話内
容の質を上げるための日本語使用という位置づけである。これは筆者の大
学での実践例であるが，中高でも応用できるのではないだろうか。このよ
うに，トランスランゲージングの理念に基づき日本語を選択的活用するこ

166

とは有意義であるが，例でみたように，日本語使用は，あくまで最終的な英語でのパフォーマンスを向上させるための手段であると捉えておくことが必要である。また，評価も日本語ではなく，英語でのパフォーマンスであるべきことは言うまでもない。

　以上，英語での授業における日本語の役割について述べてきたが，決して忘れていけないのは，使用言語は基本的には英語であるべきということである。生徒に言語習得の前提条件である良質のインプットを与え，英語を使いたいという動機づけを高め，実際に英語でコミュニケーションを促すためには，特に，日本のような日常的に英語に触れる機会が稀なEFL環境においては，教師が主に英語で授業を行い，生徒にも英語を使わせることが大きなカギ，生命線ではないだろうか。L1，L2使用に関する研究分野の大御所の一人である，Macaro（2011）によれば，授業の80％以上は目標言語（英語）で行われるのが理想とのことである。彼は，L1の有効活用を認めているのであるが，それでもL2がメインであるべきという立場であることは明白である。筆者も「できるだけ英語」を再度主張し，日本語はあくまで，選択的・限定的に，効果的に使用すべきと考える。

6.　ALTとのティームティーチング

6.1.　ALT vs JTE

　ALT（assistant language teacher: 外国語指導助手）の主な役割は授業において，英語話者として日本人英語教師に協力するということである。日常的に英語に触れる機会のないEFL環境において，ALTと英語でやり取りすることは生徒にとっては非常に貴重な体験であるといえる。しかしながら，日本人教師が主に英語で授業を行うことによって，英語習得に不可欠な質の高いインプットを潤沢に与え，生徒の英語での発話を引き出すことが可能であればALTの役割についてももう一度考え直す必要がある。実際，自信をもって英語で授業をされ，効果を上げている先生からALT

の必要性は特に感じないという声を聞くこともある。ALT の役割を JTE（日本人教師）と比較しながら，以下にまとめてみた。あくまで私見であるので。皆さんもご一緒に考えていただければと思う。なお「＞」は優れているというのではなく，どちらかと言えば，より大きな役割を担うと解釈していただければと思う。

項目	ALTs／JTEs	効果・利点
1. 英語の雰囲気作り	ALTs ＞ JTEs	非日本語話者である ALT の存在
2. 生徒のモチベーション	ALTs ＝ JTEs	（ALT）英語を話す必要性 （JTE）外国語としての英語を駆使
3. 英語使用者としてのモデル	ALTs ＞ JTEs JTEs ＞ ALTs	究極の理想 現実的なモデル
4. リスニング向上	ALTs ＞ JTEs JTEs ＞ ALTs	上質のインプット 方略等の指導
5. 発音	ALTs ＞ JTEs JTEs ＞ ALTs	モデルの提示 方略等の指導
6. 文化面に関して	ALTs ＞ JTEs	実体験の紹介等
7. 文法指導	JTEs ＞ ALTs	JTE の学習経験

1 の「英語の雰囲気作り」であるが，非日本語話者である ALT が教室にいるというだけで，生徒が自然に英語を口にできる雰囲気を作れるということで，ALTs ＞ JTEs と一般には考えられている。授業前の休み時間に英語の曲を流す，早く教室に入り生徒に英語で話しかける等，英語の雰囲気作りに工夫されている先生方のように，日本人教師としても頑張りたいところではある。2.「生徒のモチベーション」という観点では ALT の授業において英語を話さなければいけないという必要性は上がるが，外国語としての英語を駆使し上手にコミュニケーションをする日本人教師に自分の理想的なモデルをみてモチベーションが上がる生徒もいることだろう。いちがいにどちらがより効果的かは言えない（ALTs ＝ JTEs）。関連して，3.「自分の英語のモデルをどちらにみるか」についてだが，現実的

には不可能であるが究極の理想としては ALT, 現実的なモデルとしては JTE となるだろう。日本人英語教師として, 生徒に「先生のようになりたい」というあこがれを持たせる英語使用者でありたいものだ。4.「リスニング向上」については上質のインプットに触れさせるということでは, ALT の役割は大きいが, リスニング方略の指導等においては JTEs ＞ ALTs となる。このあたりは役割を分担しての指導が効果的といえる。5.「発音」に関しては, 最近は世界語 (global language), 国際語 (international language), あるいはリンガ・フランカ (linguafranca) としての英語の観点から, ネイティブの発音を絶対視すべきではないという考えもあり, 日本人が目指すべき発音についても研究者により, 様々な意見がある。筆者自身も, ネイティブのように発音できなくても, 結果的にネイティブ, ノンネイティブ両者に通じる発音を習得できればそれで十分だと考えている。しかしながら, 授業における発音においては, 基本的に英語を母語とする Inner circle (アメリカ, イギリス, カナダ, オーストラリア, ニュージーランド) で使用される英語, 特にアメリカ (あるいは場合によりイギリス) の英語をモデルとして指導し, 第二言語として英語が使用されている Outer circle (フィリピン, インドなど) で用いられている英語については, その紹介にとどめておくのが, 生徒に混乱を招かず良いのではないだろうか。授業においては ALT からモデルとしての発音を示してもらうことが重要になる。最近はフィリピン等の Outer circle からの ALT も増えてきており, 多様な英語に触れる絶好の機会といえるが, 授業にて生徒にどのような発音を求めるかについては, 事前に打ち合わせておくとよいであろう。実際の指導に関しては, 日本語の音との比較, 口や舌の動かし方など, JTE が日本語で明示的に説明することも必要である。したがって, 提示と指導において, 役割を分担して行うのが理想的といえる。6.「文化面」においては ALT が自国の文化を生徒に紹介することは大きな意義がある。日本文化との違いのみではなく共通点についても目を向けさせるようにことも必要である。また, ALT に対して, 生徒が, 日

本の文化・習慣を伝えるアウトプット活動を行うことも考えられる。最後に 7.「文法指導」だが，主に日本人教師が担うことになるだろう。ALTは文法を意識して学んできたわけではなく，我々が日本語を習得したように，自然に身につけたわけなので，我々が日本語の文法を上手く説明できないように，ALT にとって文法指導は非常に難しいといえる。日本語と対比させながら英文法を学んできた JTE による的を射た正確な説明・指導が，日本で英語を学ぶ上では不可欠であり，母語である日本語を活用した効果的・効率的な文法指導が望まれる。生徒の誤りに対しても自らの学習経験から，その原因を分析，把握し的確に指導できるのが JTE ということになる。しかしながら，多くのインプットを与え，生徒自身に気づかせる帰納的指導を試みるのであれば，ALT に協力を仰ぐこともあるだろう。また，文法指導を簡潔に行い，運用を重視して指導する形態においては ALT の役割も重要になってくる。

6.2.　課題や問題点と解決法の提案

　過去数年，奈良県，三重県，兵庫県，滋賀県で開催された ALT と JTEを対象とした研修会において講師をさせていただいたが，そこで先生方から伺った JTE と ALT とのティームティーチングを行うに当たっての喫緊の課題や問題点を提示したい。

1. すべての ALT が英語教育に関しての専門的知識や指導技術があるわけではない。
2. ティームティーチングが定期的に行われることは稀で場当たり的な「楽しみ」の時間になることが多い。
3. 受験には効果的とはいえず，また，生徒や日本人教師のニーズとの整合性がない。
4. ALT を単にインプットのための音源として利用している日本人教師が多い。

170

5. 生徒数が多く，効果的なティームティーチングが難しい。
6. 打ち合わせの時間が取れない。
7. ALT の滞在期間が短く，継続的な指導ができない。
8. 日本人教師の中には英語で ALT と話すことを避ける教師がいる。
9. 多大な費用をかけ ALT を招くよりも日本人教師に海外留学等の研修機会を与え，資質向上に努めるべきである。

次に各問題点に対して筆者からできるだけ解決につながる提案を述べる。読者の皆様もご一緒に考えていただければと思う。

　1.「すべての ALT が英語教育に関しての専門的知識や指導技術があるわけではない」約 20 年前の話だが，筆者がワシントン DC に留学していた際，旅行会社のウインドウに "Go to Japan and experience an exotic culture" と派手に書かれた ALT 募集のパンフレットを見て驚いた記憶がある。また，現地で ALT として派遣される方への説明会に参加し，話をさせてもらったのだが，彼(女)らの関心は授業よりも，もっぱら日本の生活・文化・慣習であった。総務省の HP によると，JET プログラム（語学指導等を行う外国青年招致事業）は「総務省，外務省，文部科学省及び一般財団法人自治体国際化協会の協力の下，地方単独事業として昭和 62 年にスタートしました。」とあり，「外国の青年を招致し，地域レベルの国際交流の進展や語学教育の充実を図ることを目的とした」となっている。つまり，プログラム開始当初から，教育の専門家を招致する意図はなかったということである。したがって，教育に関する知識や経験がなくても日本への興味を持っている若者が ALT として来るのは至極当然であり，日本人教師としては，ALT に教育者としての経験がない（かもしれない）ということを念頭に置き，日本の教育事情を含めて丁寧に教えていく覚悟を持つことが必要になる。実際には，教師としての経験はなくても，ほとんどの ALT は教えることに熱心で，真摯に授業を含めた教育活動に取り

組んでくれている。教授法等について学ぶことにも積極的なので，我々日本人教師がその手助けをしてあげるという姿勢を持つことが大切だと考える。また，ALT の専門分野やバックグランドは様々で，それぞれの得意分野を生かした授業も可能である。筆者が見た例だが，ある ALT は母国でマジシャンとして活躍した経験があり，手品を授業に取り入れて教室を沸かしていたこともあった。バイオリン奏者であった筆者のかつての同僚の ALT は音楽を上手く授業に取り入れていた。たとえ教育が専門ではなくても，素晴らしいバックグランドを持っている ALT も多く，それぞれの良さ，個性を生かした授業も考案してみてはいかがだろうか。

　2., 3., 4., 5. についてはまとめて考えてみたい。日本人教師が ALT との授業を生徒にとって単に面白い活動であればよいと考えているのであれば，それは問題である。「面白い」のに越したことはないが，生徒の英語学習にとって有益でなければいけない。ティームティーチングレッスンの位置づけ，目標を明確にし，その授業で学ぶ知識，習得する技術を具体的に決めておく必要がある。そして，そのように入念に計画された授業において，良質のインプットと目標文法・語彙を実際に使用するアウトプットの機会，さらに両教師からのフィードバックが与えられるのであれば，受験にも十分効果的であるはずである。形態としては，1）クラス全体に対しての ALT からの語り掛けと生徒とのやり取り。2）ALT と JTE の協働での語り掛けと生徒とのやり取り。3）グループやペアでの活動などが考えられる。これらを 1 つの授業に組み合わせて取り入れていくことになる。1）における ALT によるオールイングリッシュのインプットは言語習得において非常に貴重である。さらにトークの間に生徒とのインタラクションをとってもらうことになるが，他の生徒と教師との実際のやり取りを見ているだけでも言語学習に効果があったという研究もある。2）においては ALT と JTE のダイアログ形式で生徒に情報を伝えることになる。場合によっては JTE の日本語での簡単な説明を入れることも考えられるであろう。ここにおいても，生徒も巻き込んでインタラクティブに行

うことが重要である。3）において生徒はタスクやコミュニケーション活動を行うことになる。最近は様々なコミュニケーション活動やタスクを紹介した文献も多数出版されているので，参考にして取捨選択，改良を加えて活動を考案してはいかがだろうか。グループ（ペア）活動においては，ALT，JTE ともに生徒の活動の細部に注意し，時に活動に参加してフィードバックを与え，終了後には，全体への指導として，不十分な点についての注意や練習，活動の総括を行うことが必要である。3の問題（受験には効果的とはいえず，また，生徒や日本人教師のニーズとの整合性がない）の背後には日本の英語教育システムにおける英語教育の目標が生徒，教員間でも共有されていないという難しい問題があるということも付け加えておきたい。

6.「打ち合わせの時間が取れない」多忙な先生方には深刻な問題かと思う。実際に打ち合わせをする時間が取れない場合はメールや LINE 等を駆使して効率的に行うというのが解決方法だろうか。授業開始当初は様々な困難があるだろうが，一旦軌道に乗ると割とスムーズにいく場合も多く，何とか工夫して効率的かつ効果的に行いたいものである。

7.「滞在期間が短く，継続的な指導ができない」1～2年という滞在期間では，残念ながら，慣れてうまく軌道に乗り始めたところで帰国となってしまう。筆者の知り合いのある高校の先生は，授業案やプリントをすべてファイルしておき，後任の ALT に引き継いでいた。新しい方が来るということで，また1から始めるのではなく，長年の蓄積を上手く活用していくことも一案である。教育委員会にもこのような蓄積があるはずなので，相談してもよいだろう。

8.「日本人教師の中には英語で ALT と話すことを避ける教師がいる」JET プログラム開始当初は，ALT が来る日には必ず年休を取るという先生がいたという話を聞いたことがあるが，今でもこのような英語教師がいるのだろうか。信じたくはないが，もしいるなら早く英語教育からお引き取り願うしかないのではないだろうか。

　9.「多大な費用をかけ ALT を招くよりも日本人教師に海外留学等の研修機会を与え，資質向上に努めるべきである」これは 2 項対立的に「どちらを」と考えるべき問題ではない。今まで述べてきたように，日本の EFL 環境においてこそ ALT に期待される役割は多く，その効果も誰もが認めるところだと思う。したがって，ALT 招致を止めるのではなく，同時に教育費により多くの費用をかけ，日本人英語教師の海外留学を含めた研修の機会を作り出すべきだと考える。英語教師の資質向上，特に英語運用能力向上は深刻な根本的な問題であると筆者も捉えている。コミュニケーション能力育成を目標として英語を教える以上，教師に高度な英語運用能力がなければ話にならない。この問題解消のための海外での研修機会は確かに理想ではあるが，それがすべてではない。日本にいながらも書物に対峙し，インターネットなどのメディアを利用するなどして，英語の研鑽を積み，ALT と英語で対等に議論できる英語力をつけることは十分に可能である。願わくば，先生方に研鑽のための十分な時間が確保される環境が実現することを切に願うところである。

　最後に ALT と JTE のティームティーチングは 1 + 1 を 2 以上にする両者の「協同」作業であることを強調したい。お互いの特性・強みを引き出し相乗効果を生み出し，弱点をも強みに変えていけるダイナミックなものである。生徒の英語を話す意欲を喚起し，英語力を着実に伸ばしていける楽しい協同授業を展開していきたい。

　以上，本章では EFL 環境における英語での授業について，様々な観点から議論し，具体的な提案をしてきた。繰り返しになるが，英語を基本として授業を行うためには，教師自身が生徒の見本となる英語の使い手でなければいけない。英語が自分のセカンドネイチャーとして自然に出てくるようでなければいけないと考える。もちろん，英語ができるだけで，良い授業ができるわけではないが，英語ができなくてよい授業ができるはずはないのである。自戒も込めて，再度，教師の英語運用能力向上の必要性を強調し，この章の結びとしたい。

コラム⑤　日本人英語話者のモデルは？

　皆さんは日本人英語話者の理想的モデルをどのように考えていますか？日本人英語学習者の英語習得目標はどのあたりに置くべきだと思いますか？日本では従来より，ネイティブスピーカーのように英語を話し使うことを理想とするネイティブ主義が強いようです。実際，教科書の英語はアメリカ英語が主流であり，これは音声面・発音に関しても同様です。また，ネイティブを理想の教師として，民間の英会話学校のみならず，英語教育を重視する中高のホームページ等でもネイティブによる指導が，彼（彼女）らの写真掲載とともに強調される傾向にあります。しかしながら，英語はもはやネイティブスピーカーだけのものではなく，世界中の多くの人が国際共通語として使用しており，多様な英語が存在しています。筆者はネイティブの英語を唯一の規範とするのではなく，英語を国際語として，使用者の文化価値観を反映した多種多様に存在する言語とし，それぞれは優劣なく等しく価値があるという World Englishes, English as a Lingua France, English as an International Language の立場を支持します。母語話者崇拝は，「ネイティブスピーカーの英語が正しく，日本人英語は間違っている」という考えに至り，さらには，日本人英語教師自身の英語教師としての自尊感情の低下にもつながってしまうと危惧します。もちろん国際的にも通じうることが大前提ですが，母語や日本の文化・価値観に影響を受けた日本人英語を我々英語教師・研究者は積極的に使うべきだと考えます。多くの日本人が様々な場で日本人英語を臆せず堂々と使用することにより，日本人英語が国際的にも認められるようになるのではないでしょうか。まずは，あらゆる機会を利用してできるだけ英語を使ってみませんか。例えば，日本人同士であっても学会・研究会等を英語ベースで行い，自らの英語力の向上と日本人英語の確立に努めるというのはいかがでしょうか。ちなみに筆者らは英語での研究会を定期的に開催しております（笠原：MATE, 佐藤：奈良教育大学英語教育研究会）。よろしければ，是非ともご参加ください！

コラム⑥　教師の英語学習

　米国の著述家ウイリアム・A・ウォードが教師を評したことばに以下のものがあります。

A mediocre teacher tells. (平凡な教師は教え込む)

A good teacher explains. (良い教師は説明する)

A superior teacher demonstrates. (優れた教師は見本を見せる)

An excellent teacher inspires. (最高の教師は心に火をつける)

ではどんな教師が an inspiring teacher なのでしょう。答えは人それぞれでしょうが，私は「学びを楽しみ続ける教師」こそが生徒の心に火をつける教師だと思っています。どんな生徒も，英語学習を愛し，楽しそうに授業をする先生から英語を教わりたいのではないでしょうか。

　英語教師なら，生涯にわたり英語学習に取り組んでほしいのです。英語学習に終わりはありません。いくら勉強しても新たな発見があるものです。その発見を一生の喜びとできれば，幸せな教師人生が送れるでしょう。理論や指導法の研究も大切ですが，実践のための土台となるのは教師の英語力です。確かな英語の運用能力があれば，実践の幅は大きく広がります。ぜひ生徒とともに英語学習の喜びを分かち合える教師であってほしいと思います。

　そうはいっても教師の毎日は多忙です。まとまった時間を英語学習にあてるのはなかなか難しいでしょう。朝のひと時，通勤時間，寝る前のひと時などのすき間時間を英語学習にあて，英語学習を習慣化することを勧めます。英語学習は英語そのものに触れる（インプット），出会った表現を取り込む（インテイク），表現を使ってみる（アウトプット）のサイクルです。話しことばと書きことばの両方でこのサイクルを実現することが大切です。すき間時間をインプットとインテイクにあて，授業をアウトプットの場とすることでこのサイクルを作ることができます。

　現在はインターネットを通じて無料で多種多様な英語のインプットを受けることができます。いい時代になったものです。私の若いころは英語の

音声インプットを探すのに苦労しました。English Journal という月刊誌についていた英語インタビューのカセットテープを通勤途中の車の中で聞いたり，短波ラジオで BBC の番組を聞いたりしたものです。まず自分の興味があり，聞いておおよその内容が理解できるインプット源を見つけましょう。95 ～ 98％が理解できるテキストが理想的です。私の一番のおすすめは，NHK のラジオ英会話講座です。効率よく英語の頻出表現を取り入れてあるため，学習のコストパフォーマンスが大変高いのです。500 円程度のテキストを買い，一日 15 分投資するだけで大きな見返りが得られます。自分に合ったレベルの番組を見つけましょう。まずはテキストなしで音声を聞き，後で文字でも確認しましょう。ただ聞くだけでなく，リピーティングやシャドーイングをして，音声を真似て出すことを忘れずに行いましょう。「NHK ゴガク」というアプリをダウンロードすれば，スマートフォンでいつでも聞くことができます。

　書きことばのインプットを増やすには，英語をたくさん読むことです。興味が持てて，95 ～ 98％は理解できるものを見つけましょう。ネイティブ向けの小説などを読むのはまだ難しいと感じるなら，学習者用のグレイデッド・リーダーなどをたくさん読むといいでしょう。日本語訳がある本なら，まず日本語で読んでから原書にあたるという手もあります。寝る前のひと時など読書時間を決めて習慣化しましょう。読めるようになってきたら，英語の世界を広げる読書をすることを勧めます。聖書，ギリシャ神話，ローマ帝国史，英語史などの英語世界の考え方の基盤となるものを読むと，授業にもいろいろと役立ちます。

　語彙の増強も欠かせません。幅広いインプットを理解するためには英語の語彙を増やさなければなりません。まずは高頻度の 5000 語は理解でき，最高頻度の 2000 語程度は自分でも使えるレベルまで持っていきたいものです。自分なりの語彙ノートを作ることをお勧めします。気になった表現や，使えると思った表現はノートに書き留めておくようにし，時々見返しましょう。

　色々書き連ねましたが，肝心なのはこうした学びを楽しむことです。そして生徒にこの英語学習の喜びを伝えてあげてください。「学ぶって楽し

いことだな」と生徒に思わせることができたら，教師の仕事のほとんどは
完了した，といってもいいでしょう。

おわりに

　3人のレンガ職人という寓話があります。3人のレンガ職人が汗を流しながらレンガを積んでいました。たまたま通りかかった旅人が，何をしているか尋ねたところ，一人目は「壁を作るためにただレンガを積んでいるだけだ」と答えました。二人目は，「教会をという建物と作っている」と答え，三人目は「神の住む家を建てている」と答えたという話です。同じレンガを積むという単純な行為であっても，それぞれの捉え方，モチベーションは大きく違っています。一人目はお金のためにやむを得ずレンガを積んでおり，二人目は意義のあることだとは理解しながらも，それほど重要な行為だとは考えていません。一方，三人目のレンガ積み職人は今自分の行っている作業が人々の生活に大きく影響する素晴らしい行為だと自信と誇りを持ち行っているのです。たとえ小さな行いでも，大きなことをなすためには欠かせない重要なものであることを理解し，目的を持って行うことの大切さを教えてくれます。

　英語学習の究極の目的は世界中の多くの人々と絆を育み平和な世界を実現することだと考えます。これを実現するためには実際に道具として英語を使える実践的コミュニケーション能力を身につけていかなければいけません。そのためには知識・技能を習得するためのレンガを積むような地道な日頃の練習が必要です。また，英語教育の目的として，人間性の向上をあげる人もいるでしょう。筆者も何ら異論はありません。しかしながら，英語での様々な活動を通じて，最終的に相手を思いやる気持ちや創造力，問題解決能力を育むためには，一見無関係と思われる地味な練習・活動がまずはあるべきです。より現実的には学習指導要領において，「思考力・判断力・表現力」を伸ばすことが求められています。この実現のためにも，

確かな知識や技術が必要なのはいうまでもありません。コミュニケーション能力を伸ばすための大前提となる理解と基礎練習をしっかりと地道に行うことが不可欠です。最近は，この基礎基本の土台を築く地味な学び，活動が軽視され避けられる風潮にあると危惧しています。最終的な大きな目的達成のためには「レンガ積み」は意義のある必要不可欠な過程であり，英語教師として自信と確信を持ち実践すべきではないでしょうか。

　第二言語習得研究（SLA）に基づく科学的，効果的な英語指導法，また，最近はエビデンスに基づいた科学的に立証された効果などということを頻繁に耳にします。確かに1950年代あるいは60年代に始まったとされる研究成果の蓄積は何らかの示唆を与えてくれることは間違いないでしょう。しかしながら，実証研究で得られた結果から構築された理論はあくまで仮説であり，絶対的なものでありません。科学の世界では3＋5が常に8になりますが，教育においてはそれば，10にも2にもなりうるということです。研究から得られる知見は，教師が生徒にどのような教授法で教え学習を組み立てていくかを考案する上で大きな助けとなり，ヒントを与えてくれますが，それはこう教えるべきという答えを与えてくれるものではないのです。もちろん，そのような知見に目を配る必要はありますが，とらわれすぎてもいけません。特に日本のような，EFL学習環境においては，その解釈，実践への応用に慎重になるべきです。最近，特に注目を浴びているコミュニケーション重視の指導の中で，学習者の注意を自然に文法や語彙，発音等の形式面に向けさせるというSLAに基づいた指導に関しても，これが絶対であると考えるのは間違いです（第1章ではむしろこの仮説とは立場の異なる提案をいたしました）。SLAの理論・仮説を自らの高度な英語力を得るために積み重ねてきた日本での英語学習経験と照らし合わせ，目の前の生徒と対峙し，どのような教授法が効果的か判断し，実践し，うまくいかなければ修正を加えていくことが必要です。そのような過程を経て得た実践知は，いわゆる科学知を遥かに凌ぐと筆者は考えます。その意味では，本書での多くの仮説の紹介や具体的な提案につい

ても，読者の皆さんがそれぞれの文脈で解釈し，それぞれの方法で応用していただければと思います。

　すべての学習者に同等に効果的な指導法はありません。第二言語習得研究により，科学的にその効果が立証された（といわれる）指導法も然りです。しかしながら，日本で英語を学ぶにおいて絶対的な必要条件があります。それは "Study hard and practice a lot (SHAPL)" です。理解し練習さえすれば必ず英語が習得できるわけではありませんが，日本の EFL 環境下にて，SHAPL なしで英語を習得できることはありえません。流行や派手さ，科学的な装いに揺れることなく，英語教師としてこの厳しく，かつ公平公正な現実に対峙し，この理念を常に心に留めておくべきだと考えます。言語習得の複雑なメカニズムを故（盾）に，努力すること，頑張ることを軽視する風潮が一部にみられるようになったことを危惧します。強弱はありますが，本書を通じて SHAPL の理念は貫かれていたかと思います。また本著が，厳しい条件の下で日々努力をされている先生方のお役に立てるのであれば幸いです。

　最後に，今まで様々な機会で出会ってきた中学・高校の先生方，大学の学生さんには多くの貴重な示唆と着想をいただきました。この場を借りて心より感謝を申し上げます。

佐藤臨太郎・笠原　究

参考文献

Bandura, A. (2008). An agentic perspective on positive psychology. In S. J. Lopez (Ed.), *Positive psychology: Exploring the best in people, Vol. 1. Discovering human strengths* (pp. 167-196). Praeger Publishers/Greenwood Publishing Group.

Bjork, R. A. (1999). Assessing our own competence: Heuristics and illusions. In D. Gopher & A. Koriat (Eds.), *Attention and performance XVII: Cognitive regulation of performance: Interaction of theory and application* (pp. 235-459). MIT Press.

Brezina V., & Gablasova, D. (2015). Is there a core general vocabulary? Introducing the New General Service List. *Applied Linguistics, 36*(1), 1-22.

Butzkamm, W. (2003). We only learn language once. The role of the mother tongue in FL classrooms: Death of a dogma. *Language Learning Journal, 28,* 29-39.

Canale, M. (1983) From communicative competence to communicative language pedagogy. In J. C. Richards, & R. W. Schmidt (eds.), *Language and Communication* (pp. 2-27). Longman.

Canale, M., & Swain, M. (1980) Theoretical bases of communicative approaches to second language teaching and testing. *Applied Linguistics, 1,* 1-47.

Cowan, N. (2001), The magical number 4 in short-term memory: A reconsideration of mental storage capacity. *Behavioral and Brain Science, 24,* 87-114.

Coxhead, A. (2000). A new academic word list. *TESOL Quarterly, 34,* 213-238.

Crothers, E., & Suppes, P. (1967). *Experiments in second-language learning.* Academic Press.

DeKeyser, R. M. (2007). *Practice in a second language: Perspectives from applied linguistics and cognitive psychology.* Cambridge University Press.

DeKeyser, R. M. (2015). Skill acquisition theory. In B. VanPatten & J. Williams (Eds.). *Theories in second language acquisition.* (pp. 94-112). Routledge.

Deci, E, L., & Ryan, R. M. (1985). *Intrinsic motivation and self-determination in human behavior.* Plenum Press.

Di Pietro, R. J. (1987). *Strategic interaction.* Cambridge University Press.

Dweck, C. S. (2006). *Mindset: The new psychology of success.* Random House.

Dörnyei, Z. (2001). *Motivational strategies in the language classroom.* Cambridge University Press.

Dörnyei, Z., & Ushioda, E. (2009). *Motivation, language identity and the L2 self.* Multilingual Matters.

Egbert, J. (2003). A study of flow theory in the foreign language classroom. *Modern Language Journal, 87,* 499–518.

Ellis, N. C., & Ferreira-Junior, F. (2009). Constructions and their acquisition: Islands and the distinctiveness of their occupancy. *Annual Review of Cognitive Linguistics, 7,* 187–220.

Ellis, R. (2019). The Task-based lesson. *Plenary delivered at the JASELE Conference, Hirosaki, August 17, 2019.*

Frymier, A. B., & Weser, B. (2001). The role of student predispositions on student expectations for instructor communication behavior. *Communication Education, 50,* 314–326.

García, O., & Wei, L. (2014). *Translanguaging: Implications for language, bilingualism and education.* Palgrave Pivo.

Gardner, D. (2013). *Exploring vocabulary.* Routledge.

Gardner, R. C. (1985). *Social psychology and second language learning: The role of attitudes and motivation.* Edward Arnold.

Halamish, V., & Bjork, R. A. (2011). When does testing enhance retention? A distribution-based interpretation of retrieval as a memory modifier. *Journal of Experimental Psychology: Learning, Memory, and Cognition, 37,* 801–812.

Hammerly, H. (1991). *Fluency and Accuracy.* Multilingual Matters LTd.

Hiromori, T. (2006). The effects of educational intervention on L2 learners' motivational development. *Japan Association of College English Teachers (JACET), 43,* 1–14.

Hughes, A. (2003). Testing for language teachers, (2nd ed.). Cambridge University Press.

Hunston, S., Francis, G., & Manning, E. (1997). Grammar and vocabulary: Showing the connections. *English Language Teaching Journal, 51,* 208–216.

Hwu, F., & Sun, S. (2012). The aptitude-treatment interaction effects on the learning of grammar rules. *System, 40,* 505–521.

Hymes, D. H. (1972). On communicative competence. In J. B. Pride, & J. Holmes (Eds.), *Sociolinguistics.* Penguin.

Kachroo, J. N. (1962). Report on an investigation into the teaching of vocabulary in the first year of English. *Bulletin of the Central Institute of English, 2,* 67–72.

Kanayama, K., & Kasahara, K. (2015). The effect of word retrieval on L2 vocabulary learning. *Journal of the Hokkaido English Language Education Society, 15,* 21–33.

Kanayama, K., & Kasahara, K. (2018). The indirect effects of testing: Can poor performance in a vocabulary quiz lead to long-term L2 vocabulary retention? *Vocabulary Learning and Instruction, 7,* pp. 1–13.

Kang, S.-J. (2005). Dynamic emergence of situational willingness to communicate in a second language. *System, 33,* 277–292.

Karpicke, J. D., & Roediger, H. L. (2007). Repeated retrieval during learning is the key to long-term retention. *Journal of Memory and Language, 57,* 151–162.

Kasahara, K. (2010). Are two words better than one for intentional vocabulary learning? *Annual Review of English Education in Japan, 21,* 91–100.

Kasahara, K. (2011). The effect of known-and-unknown word combinations on intentional vocabulary learning. *System, 39,* 491–499.

Kasahara, K. (2015). Which cues, adjectives, or verbs, provide most assistance for remembering new nouns? *Annual Review of English Language Education in Japan, 26,* 317–332.

Kasahara, K., & Kanayama, K. (2021). When to conduct a vocabulary quiz, before the review or after the review? *System, 103* (online).

Kasahara, K., & Yanagisawa, A. (2021). Learning new verbs with known cue words: The relative effects of noun and adverb cues. *Language Teaching Research online,* 1–18.

Koga, T., & Sato, R. (2013). Effects of a debate task on changes of communication variables. *Annual Review of English Language Education in Japan (ARELE), 24,* 295–306.

Krashen, S. (1982). *Principles and practice in second language acquisition.* Oxford University Press.

Kremmel, B. (2016). Word families and frequency bands in vocabulary tests: Challenging conventions. *TESOL Quarterly, 50,* 976–987.

Laufer, B. (1992). How much lexis is necessary for reading comprehension? In H. Bejoint & P. Arnand (Eds.), *Vocabulary and Applied Linguistics.* (pp. 126–132). Macmillan.

Laufer, B., & Ravenhorst-Kalovski, G. C. (2010). Lexical threshold revisited: Lexical text coverage, learners' vocabulary size and reading comprehension.

Reading in a Foreign Language, 22, 15-40.

Little, D. (1991). *Learner autonomy 1: Definitions, issues and problems.* Authentik.

Locke, E. A. (1996). Motivation through conscious goal setting. *Applied & Preventive Psychology, 5,* 117-124.

Lyster, R., & Ranta, L. (1997). Corrective feedback and learner uptake: Negotiation of form in communicative classroom. *Studies in Second Language Acquisition, 19,* 37-66.

MacIntyre, P. D. (2007). Willingness to communicate in the second language: Understanding the decision to speak as a volitional process. *The Modern Language Journal, 91,* 564-576.

MacIntyre, P. D., Clément, R., Dörnyei, Z., & Noels, K. A. (1998). Conceptualizing willingness to communicate in a L2: A situational model of L2 confidence and affiliation. *The Modern Language Journal, 82,* 545-562.

Macaro, E. (2011). The teachers' code switching and the learner's target strategic response: Towards a research agenda and implications for teacher education. *Paper presented at the JACET 50th Commemorative International Convention, Fukuoka.*

Maslow, A. H. (1970). Motivation and Personality (2nd ed.), Harper & Row. 〔小口忠彦（訳）（1987）『［改訂新版］人間性の心理学』産能大学出版部.〕

McCafferty, S. (2004). Space for cognition: Gesture and second language learning. *International Journal of Applied Linguistics, 14,* 148-165.

McNeill, D. (1992). *Hand and mind: What gestures reveal about thought.* University of Chicago Press.

Mercer, S., & Ryan, S. (2009). A mindset for EFL: Learners' beliefs about the role of natural talent. *ELT Journal, 64,* 436-444.

Milton, J. (2009). *Measuring second language vocabulary acquisition.* Multilingual Matters.

Nakata, T. (2017). Does repeated practice make perfect? The effects of within-session repeated retrieval on second language vocabulary learning. *Studies in Second Language Acquisition, 39,* 653-679.

Nation, I. S. P. (2001). *Learning vocabulary in another language.* Cambridge University Press.

Nation, I. S. P. (2006). How large a vocabulary is needed for reading and listening? *Canadian Modern Language Review, 63,* 59-82.

Nation, I. S. P. (2007). The four strands. *Innovation in Language Learning and Teaching, 1,* 5-26.

Nation, I. S. P. (2013). *Learning vocabulary in another language* (2nd ed.). Cambridge University Press.

Nation, I. S. P. (2016). *Making and using word lists for language teaching and testing*. John Benjamins.

Nesselhauf, N. (2003). The use of collocations by advanced learners of English and some implications for teaching. *Applied Linguistics, 24*, 223-242.

Nesselhauf, N. (2005). *Collocations in a learner corpus*. John Benjamins.

Ortega, L. (2007). Meaningful L2 practice in foreign language classrooms: A cognitive interactionist SLA perspective. In R. DeKeyser (Ed.), *Practicing in a second language: Perspectives from applied linguistics and cognitive psychology*. (pp. 180-207). Cambridge University Press.

Paivio, A., & Desrochers, A. (1980). A dual-coding approach to bilingual memory. *Canadian Journal of Psychology, 34*, 388-399.

Richard, R., Joseph, S., & Junko, Y. (2009). *Impact Issues 1*. Person Longman.

Ryan, R. M., & Deci, E. L. (2002). An overview of self-determination theory: An organismic-dialectical perspectives. In E. Deci & R. Ryan (Eds.). *Handbook of self-determination research* (pp. 3-36). The University of Rochester Press.

Sato, R. (2011). Effects of recasts in a Japanese high school classroom. *LET Kansai Chapter Collected Papers, 13, 147-157*.

Sato, R. (2018). Examining EFL Teachers' Non-verbal Behaviors in English-medium Lessons. *The Journal of Asia TEFL, 15*, 82-98.

Sato, R. (2019a). Cultivating a growth mindset in Japanese EFL learners with a presentation-practice-production-based approach. *Bulletin of Nara University of Education. Cultural and Social Science, 68*, 195-202.

Sato, R. (2019b). Examining the effects of gestures in providing oral corrective feedback. *Electronic Journal of Foreign Language Teaching, 16*, 22-33.

Sato, R. (2020). Examining fluctuations in the WTC of Japanese EFL speakers: Language proficiency, affective and conditional factors. *Language Teaching and Research,* Onlinefirst.

Sato, R., & Koga, T. (2012). Examining the effects of all English class on learners' affective aspects. *Journal of the Chubu English Language Education Society, 41*, 183-190.

Schmitt, N. (2010). *Researching vocabulary: A vocabulary research manual*. Palgrave Macmillan.

Schmitt, N. (2000). *Vocabulary in language teaching*. Cambridge University Press.

188

Schmitt, N., & Schmitt, D. (2020). *Vocabulary in language teaching* (2nd ed.). Cambridge University Press.

Sinclair, J. (1991). *Corpus, Concordance, Collocation.* Oxford University Press.

Swain, M. (1985). Communicative competence: Some roles of comprehensible input and comprehensible output in its development. In S. Gass, & C. Madden (Eds.), *Input in second language acquisition* (pp. 235-253). Newbury House.

Swain, M. (1995). Three functions of output in second language learning. In G. Cook, & B. Seidlhofer (Eds.), *Principles and practice in applied linguistics: Studies in honour of H. G. Widdowson* (pp. 125-144). Oxford University Press.

Tinkham, T. (1993). The effect of semantic clustering on the learning of second language vocabulary. *System, 21*, 371-380.

Van Zeeland, H., & Schmitt, N. (2013). Lexical coverage in L1 and L2 listening comprehension: The same or different from reading comprehension? *Applied Linguistics, 34,* 457-479.

Warneken, F., & Tomasello, M. (2008). Extrinsic rewards undermine altruistic tendencies in 20-month-olds. *Developmental Psychology, 44*, 1785-1788

West, M. (1953). *A general service list of English words.* Longman, Green & Co.

Wigfield, A., & Eccles, J. S. (2000). Expectancy-value theory of achievement motivation. *Contemporary Educational Psychology, 25*, 68-81.

Wilkins, D.A. (1972). *Linguistics in language Teaching.* Edward Arnold.

Yamamoto-Wilson, J. R. (1997). Can a knowledge of Japanese help our EFL teaching? *The Language Teacher, 21*, 6-9.

相澤一美. (2010).「小学校から大学までに知っておくべき単語数はどのくらいですか?」『英語教育』第 59 巻第 1 号. 大修館書店.

磐崎弘貞. (2011).『英語辞書をフル活用する 7 つの鉄則』大修館書店.

卯城祐司他. (2021).『Sunshine English Course 3』開隆堂.

笠原究. (2015).「日本の EFL 環境下での語彙指導」佐藤臨太郎他.『日本人学習者に合った効果的英語教授法入門』明治図書.

笠原究. (2019).『教室の窓 北海道版 Vol. 18――これからの英語教育――』pp. 2-5. 東京書籍北海道支社.

笠原究・佐藤臨太郎. (2017).『英語テスト作成入門:効果的なテストで授業を変える！』金星堂.

金谷憲他. (2017).『英語運用力が伸びる 5 ラウンドシステムの英語授業』大修館書店.

金谷憲他. (2020).『高校英語授業における文法指導を考える』アルク出版.

川本祥也・佐藤臨太郎. (2011).「PPP 授業と TBL 授業の文法学習における効果の比較検証」『奈良教育大学教育実践総合センター研究紀要』20, 95-100.

佐藤剛. (2021).「増加する教科書の語彙数にどう対応するか？②」『NEW HORIZON 教科書の広場』東京書籍.

佐藤臨太郎. (2011).『異文化理解のための実践学習』松拍社.

佐藤臨太郎・笠原究・古賀功. (2015).『日本人学習者に合った効果的英語教授法入門』明治図書.

靜哲人. (2006).『ENGLISH あいうえお──これができれば英語は通じる』文芸春秋.

靜哲人. (2009).『英語授業の心・技・体』研究社.

白畑知彦 (2015).『英語指導における効果的な誤り訂正』大修館書店.

大学英語教育学会基本語改訂委員会（編）.『JACET 8000』タナカ企画.

大学英語教育学会基本語改訂特別委員会（編著）.『新 JACET 8000』桐原書店.

田中茂範・佐藤芳明・阿部一. (2006).『英語感覚が身につく 実践的指導』大修館書店.

田中博晃. (2013).「英語の授業で内発的動機づけを高める研究」JACET Journal, 50, 60-92.

田中博晃・廣森友人. (2007).「英語学習者の内発的動機づけを高める教育実践的介入とその効果の検証」JALT Journal, 29, 59-80.

中田達也. (2019).『英単語学習の科学』研究社.

中田賀之・池野修・木村裕三・長沼君主. (2018). 科研報告書『教室内生徒英語力評価尺度活用マニュアル』

奈須正裕. (2017).『「資質・能力」と学びのメカニズム──新学習指導要領を読み解く』東洋館出版.

廣森友人. (2015)『英語学習のメカニズム──第二言語習得研究にもとづく効果的な勉強法』大修館書店.

松畑熙一他. (2015).『Sunshine English Course 3』開隆堂.

村野井仁. (2006).『第二言語習得研究から見た効果的な英語学習法・指導法』大修館書店.

長谷尚弥他. (2018).『Vivid English Expression II』第一学習社.

根岸雅史. (2011).「文法テストはこのままでよいのか」『日本言語文化研究会論集』第 7 号, pp. 1-15.

根岸雅史他. (2021).『NEW CROWN English Series 2』三省堂.

根岸雅史他. (2021).『NEW CROWN English Series 3』三省堂.

根岸雅史・村越亮治. (2014).「文法の手続き的知識をどう測るか」Arcle Review, 8 号, 22-33.

山家保先生記念論集刊行委員会（編著）．(2005)．『あえて問う英語教育の原点とは：オーラル・アプローチと山家保』開拓社．

渡邉時夫・酒井英樹・塩川春彦・浦野研．(2003)．『英語が使える日本人の育成』三省堂．

付　録

Practice（練習），Production（使用）活動例

Practice（練習），Production（使用）の活動例を紹介したい。英文素材の難易度を調整したり，対象文法項目を変更することにより，中高両校種での応用が可能かと思われる。また，活動により，speaking, writing の両方での使用も可能である。例を参考にオリジナルな活動も考案していただければ幸いである。

・リード・ルックアップ・ライト（**Practice**）
教科書の基本文を

① 1つの英文を音読。
② 顔をあげて英文を見ないで口頭で再生。
③ 正確にノートに書く。（うまくできなかった場合は1つ前の段階に戻ってやり直す。）
［指導においては，発音やイントネーション等の音声面にも注意を向けたい。］

・ロールプレイ（ダイアログ）（**Practice**）

① ペアになり，教科書本文（あるいは教員作成）の会話について役割を決めて，会話らしくスクリプトを読み合う。
② 次に自分のパートをできるだけ暗記して会話する。暗記できなかったり，会話の途中で忘れてしまったら自分の言葉で会話を続

けるようにする。

③　役割を替えて①，②と同じ活動を行う。

　　［音読から，暗記へという流れである。この活動においても音声面の指導を十分に行いたい］

・口頭英訳活動（**Practice**）

①　教師が英文の前半を英語で言い，後半は日本語で提示する。

②　生徒は日本語の部分を英語で表現する。

③　教師は全文を日本語で言う。

④　最後に生徒は全文を英語で言う。

例1　教師：　This is a story　ほとんどのアメリカ人が知っている

　　　生徒：　Most Americans know

　　　教師：　これはほとんどのアメリカ人が知っている話

　　　生徒：　This is a story most Americans know.

例2　教師：　I don't know　なぜ美紀が悲しいか

　　　生徒：　Why Miki is sad.

　　　教師：　なぜ美紀が悲しいのか分からない

　　　生徒：　I don't know why Miki is sad.

（NEW CROWN 3, Lesson 7, GET 1）

　　　［本文を理解し，音読活動等を行った後に行う］

・ロールプレイ（空所補充ダイアログ）（**Practice／Production**）

①　ペアになり，教科書本文（あるいは教員作成）の会話の空所を自分の言葉で埋めながら会話らしくスクリプトを読み合う。

②　次に自分のパートをできるだけ暗記して会話する。暗記できなかったり，会話の途中で忘れてしまったら自分の言葉で会話を続

けるようにする。

③　役割を変えて①，②と同じ活動を行う。

例　A:　We are learning English every day and I like it very much. How about you?

B:　（英語が好きかどうかの返事　　　），because
（　　　　　〜　　理由）

A:　I see.　Which foreign language do you want to learn besides English?

B:　I want to learn（　　言語　　），because
（　　　　〜　　理由　　）How about you ?

A:　I want to learn（言語　），because
（　　.〜　　　理由　　　　　）

以後は自由に会話を続けていく

［ある程度の自由度のあるコミュニカティブ・プラクティスである］

・段階を踏んでの英語を使用した活動

①　イラスト（あるいは情報）に合うように英文の空欄を埋める
(Practice)

②　①で作成した英文を参考に自分のことについて英作文する
(Practice / Production)

③　ペアまたはグループでインタビューを行い情報を集めまとめる
(Production)

例　以下の情報に合うよう①の英文の空欄を埋め，②，③の活動を行ってください。

情報　　・昨夜，コウタが読書をしているときにアニーからの電話があった

194

・今，アニーとコウタは学食で昼食を食べている

・学食では生徒はスマホを使用したり，雑誌を読んだりしている

① Last night, Kota (was) (reading) a (book) when Amy called him.

Now they (are) (having / eating) lunch at a school café.

Some students (are) using their smartphone while others (are) (reading) magazines.

② 上の英文を参考に過去進行形と現在進行形を用い，昨晩の自分のこと，現在の周囲のことを英語で書きましょう。

Last night, _____

_____

Now, _____

_____

③ ペア（グループ）になって，先週したこと，昨晩していたことについて質問し，情報をまとめましょう。また何か別の情報も聞き出しましょう。

（質問例： What did you do last Sunday? What were you doing at 8:00 p.m. last night? Where do you play baseball?)

名前	先週末	昨夜	その他の情報
（例コウタ）	He played basketball.	He was reading a book at 8:00 pm.	He plays basketball in the park every Sunday.

[練習→使用へと自然な流れになっており段階を踏みながら活動することができる。教科書の本文をベースに作成してみてはいかがだろ

うか]

・**4段階での活動：Four round practice（Practice／Production）**
宿題として簡単な自由英作文を課し，授業にて

①　自分の書いていた英文の内容や，文法・語彙等の確認，修正をする。

②　ペアになり一人が自分の英文をパートナーに読んで聞かせ，パートナーは質問とコメントをする。これを交互に行う。

③　パートナーを替え，今度はエッセイを（できるだけ）見ないでパートナーにスピーチをする。これを交互に行い，その後二人で自由に会話を続ける。

④　パートナーを変え，教師がトピックに関連した別の話題をその場で与え，二人で与えられた時間，自由に会話をする。

①では，自分の英文がしっかりと相手に理解してもらえるか，文法的・語彙的な誤りがないか，また読み方，単語の発音も含めて各自で確認する。

②において，パートナーは読まれている内容に関しての質問や，コメントをするのであるが，読まれた英文の分からない箇所があれば，その旨を伝えるようにする。

③に入る前に，もう一度，新しいパートナーに伝える内容の確認，修正を各自で行う。

④では，とにかく自分の伝えたいことを伝えるよう，ジェスチャーなどの非言語コミュニケーションも活用し，活動する。

　　［宿題のエッセイをベースにしての活動なので，「やってこなければ授業に参加できない」ことになり，宿題の提出率も100％近くになる。活動は，自分の英作文の音読から，徐々に自由度のある活動へと移行していくので，英語でのコミュニケーションが苦手な学習者にとって

は取り掛かりやすいといえる〕

・絵の説明と意見の発表：Picture description and your opinion

① 教科書の本文ページに挿入されている絵や写真を英語で説明する
（**Practice**）（本文中の英文の使用が予想される）

② 絵や写真に関しての自分の意見，感想を自由に述べる
（**Production**）

〔教科書本文には内容理解のヒントとなる絵や写真が挿入されているが，これを生徒に自身の英語で描写あるいは説明させる。本文が既習であれば practice，未習であれば production 的活動になる。さらに絵や写真についての生徒自身の意見や感想を述べさせると production としての活動になる〕

・ヒントを利用しての会話：Guided conversation

① 日本語のヒントが書かれたハンドアウトを用いてのペアでの会話練習（**Closed Production**）

A: What is your hobby?

B: ピアノ（My hobby is to play the piano）

A: How much time do you give to your hobby?

B: 1 時間（I give about an hour to my hobby every day.）

A: When did you star it?

B: 小学校 4 年生（I stared it when I was in the fourth grade.）

〔会話形式になっている教科書の本文をそのまま利用するか，あるいは教師がオリジナルなものを作成してもよい。前者の場合は既習の英文を再生するので practice となる〕

② What is your hobby? から会話をはじめ自由に自分の趣味につい

て話し合う (**Production**)

［この活動では，本文の表現を利用するか，自分で文法や語句を選ぶかは自由とする］

・ダイアログの作成：**Dialogue building** (**Practice／Production**)

本文学習後，内容をダイアログ形式に書き換えさせる。

例　Uluru を扱った本文 (NEW CROWN 2 Lesson 4) を学んだ後作成したダイアログの一部

A:　I didn't know that Uluru is a rock.　I thought it was a mountain.

B:　Yes.　It is a famous place in Australia.　Its color is brown during the day but at sunrise and sunset, it looks red.

A:　Oh, really.　It must be beautiful ….　　　以下続く

［活動の目的により，使うべき文法，語彙を提示したり，また，自分の気持ちも書くことなどと指示することができる］

・リプロダクションとリテリング

本文学習後，教師が提示するキーワードや絵などをヒントにその内容を口頭再生する。

リプロダクション：重要な語句，構文を PC 上（あるいは黒板）に提示し，本文をできるだけ正確に再生する。(**Practice**)

リテリング：語句，構文，絵などを限定的に提示し，本文の内容を自分の英語を用いて自由に再構成させる。ヒントを提示しないという選択もある。(**Practice／Production**)

それぞれの活動後，ストーリーの続きや内容に対する自分の意見を述べさせる。(**Production**)

・流暢性，正確性，即興性を高める同時通訳活動（**Practice / Production**）

　未習の教科書本文や，その他，英語学習教材（英検等）の英文の日本語訳をみて，口頭で瞬時に英語に言い換える練習。学習者のレベルにより英文の難易度を調整する。日本語を英語にする際において未知の単語や熟語，文法項目という壁にぶつかり，どうしても表現できないという状況が発生するが，自分の現在の知識・リソースをフルに用いて，とにかく，英語で表現するように指示する。これにより，知識として知っている宣言的知識を実際に使える手続き的知識に変容させることができ，また，既知の知識の深化にもつながる。これにより，流暢さ，コミュニケーション能力の向上が期待できる。次に正しい英文を見て確認し，新たな知識を学ぶようにする。言いたかったが言えなかったこと，言ったことと言うべきことのギャップに気づき，深い学びが期待できる。そして，使用すべき語彙・熟語・文法をしっかりと理解した上で，形式と内容の両方に意識を向け，最後にそのモデルとなる正しい英文を十分に音読する。できるだけ多くの回数をこなし，英文を身にしみこませる，内在化させるようにすることが大事である。コミュニケーション活動，言いたいことを言うだけでは，正確性の向上が難しく，音読だけでは柔軟に即興的に英語を話す力をつけることは難しいが，この方法では，流暢性，正確性，即興性の向上が期待できる。生徒だけではなく，先生方も例えば，英検 2 級や，準 1 級の英文を用いて練習してみてはいかがだろうか。毎日根気よく続けると，自身の英語力の向上が実感できるはずである。

　　手順

① 英文の日本語訳を見る

② できるだけ瞬時に口頭で英語にしていく

③ 英文を見て，正しい（より適した）表現を確認する

④ 音読を繰り返す

⑤ 重要だと思う表現，英文は暗記する

⑥　読んだ内容に対しての自分の意見，感想を英語で述べる

・ロールプレイ（方略的なやり取り）（**Production**）

与えられた役でロールプレイを行う。

例

①　ペアになり A は息子の役，B は母親の役で会話をする。

②　次に役割を交替し，同じ活動をする。

③　二人で英語（あるいは日本語）で協議し，よい妥協案を考え英語でまとめる。

A.　Son:　You are a high school student who loves to use the Internet. You use the Internet not only for academic purposes, but just for your own enjoyment. You believe the Internet has made your life more fulfilling and rewarding. But your mother wants you to use it less. She is going to allow you to use the Internet for only an hour a day. She is coming to your room now. What will you say to her?

B.　Mother:　You are a mother of a high school boy, who seems to be addicted to the Internet. You believe that the Internet has more disadvantages than advantages for high school kids. You are going to your son's room to ask him to use it only an hour a day. What will you say to him?

[Di Pietro (1987) を参考に筆者が作成した。前節でも紹介したが，生徒は英語の形式よりも内容に焦点を当て，相手を説得するためにあらゆる言語知識・技術を用いてやり取りをする。ジェスチャーなどの非言語コミュニケーションも活用される。生徒の内在化された知識やパフォーマンスを見ることができる] 以下，2 例示す。

200

(Role A)

You want to go to Hokkaido with your friends during summer vacation. You don't have enough money, and your father may not allow it. Ask your father for permission.

(Role B)

Your daughter will ask you if she can go to Hokkaido with her friends. You don't want her to go there just with her friends. Try to make her give up the plan

(Role A)

1. You will be seventy years old tomorrow. You have been living alone in an apartment in Nara since your wife passed away, and your son wants you to come to live with him in Tokyo. But you don't want to leave Nara and believe that you should be independent from others. Your son is coming to ask you to come live with him. What will you say to your son?

(Role B)

2. Your old father is living in Nara alone. You think it's inconvenient and dangerous for an elderly person to live alone, far from the family. You want him to come to Tokyo to live with your family. But he doesn't want to come. You are visiting your father tomorrow to ask him to change his mind. What will you say to him?

先生方の自由な発想で，豊かな英語使用が期待されるロールプレイを作成

していただけたらと思う。

・**意見交換：My opinion (Production)**

　例1：　① いつ海外留学すべきかという次の A，B の意見を読む。

A:　In America, you cannot do anything if you do not speak English well.　After we become very good at English, we should go there to study it some more.

B:　Yes.　It must be very difficult to make yourself understood in English, but we can learn even when making mistakes in another country.　We should go to an English speaking country when there is a chance.

　② 自分の意見を簡単にまとめる。（ノートに書く）

　③ ペアになり，自分の意見を紹介する。

　④ 一人は「英語がある程度上達してからアメリカ留学すべきだ」という立場，もう一人は「英語ができなくても機会があればとにかく早く留学すべきだ」という立場で，それぞれ自分の意見が相手に理解してもらえるように3分間会話する。

　⑤ 次に役割を交替して同じ活動を行う。

　例2：

　① 母語学習のほうが英語学習より大事なので，小学校英語には反対という趣旨の英文を読む。(I think learning our mother tongue is much more important than learning English.　I'm totally against teaching English to elementary school pupils.)

　② この意見に対する賛成意見を簡単にまとめる。

　③ この意見に対する反対意見を簡単にまとめる。

　④ 一人は「小学校英語に賛成」という立場，もう一人は「反対」と

いう立場で，それぞれ自分の意見が相手に理解してもらえるように 3 分間会話する。

⑤ 次に役割を交替して同じ活動を行う。

例 3 :

① Imagine that everybody in the world spoke the same language. Would you like this situation? という問いに対して肯定する意見を簡単にまとめる。

② 反対する意見を簡単にまとめる。

③ ペアで肯定と反対の立場に分かれ，それぞれ自分の意見が相手に理解してもらえるように 3 分間会話する。

④ 次に役割を交替して同じ活動を行う。

⑤ 自分の意見をまとめ○分間のスピーチをする。

［リーディング，ライティング，スピーキングの技能統合型の活動となる。最初のインプットをリスニングで行ってもよいだろう。インプットに目標文法を意図的に複数回入れ，生徒の注意を形式へも向けさせることもできる］

・**問題解決：Problem solving（Production）**
与えられた状況下でどのように対処するか英語でアウトプットする。

例 1 :

You are living in a dormitory. Your roommate likes to listen to music and sometimes enjoys it even late at night. The sound is so noisy for you that you cannot focus on studying or reading. You also have had a lot of sleepless nights. You have decided to complain. You should not be aggressive. What would you say?

例 2 ：

Your grandmother got seriously injured in the traffic accident and has been sent to the hospital. You want to see her now. But, if you visit the hospital, you have to be absent from a class which is very important to you. What would you do? What would you say to your homeroom teacher?

例 3 ：

There are many people who do not have enough food, clothing and medicine in the world. People are starving and dying every day and a lot of children cannot attend school because they have to work very hard for their families in some countries. What can we do to help those people? Make a list of three ways we could help.
［「助動詞（目標文法）を効果的に使うように」などと指示をしてもよい。ジレンマのある状況や深く考えさせる場面等を設定し，生徒の創造性豊かなアウトプットを期待したい］
　以下はリスニングを伴う活動例である。

・オーバーラッピング (**Practice**)
　オーバーラッピングとは教科書本文の英文を確認しながら，流れる音声と同時に声を出して読んでいく活動である。本文の内容を理解した上で，単語の発音や，リズム，イントネーションに注意を払い，できるだけ音源と同じように正確に読むように指導する。音源は基本的にネイティブの英語ということになるが，教師の英語を音源に，つまり先生が英語を読み，生徒は教科書を見ながら先生の英語にオーバーラップするということも行ってよいであろう。重要な点は何度も繰り返し正確性を上げていくという点である。これにより英語特有の「リダクション (reduction)：音が消えてしまう」や「リンキング (linking)：音がつながる」等の現象に慣れる

ことができる。

・シャドーイング (**Practice**)

　シャドーイングとは文字どおり，影のように，聞いた英語をその場で即座に声に出していく活動である。教科書本文の音源を流し，生徒はテキストを一切見ないで，英語を再生していく。最近，中高で広く取り入れられているようであるが，音だけを頼りに英語を正確に再生するので，非常に難易度の高い活動だと言える。もともとは同時通訳者になる人のためのトレーニングであるので，中高の一般の生徒が行うためには注意が必要である。英文内容をある程度理解していること，音読やあるいは，オーバーラッピングの練習をし，内容語の発音・アクセントが確認できていること，どの内容語が重要でどの語を丁寧にゆっくり発音すべきか，機能語のリンキングがどうなっているか知っていることが必要であると考える。十分に準備ができていない状態で行うと，しっかり聞き取れていない，または，発音できないためいい加減な英語に終始してしまい逆効果になることも考えられる。内容理解→音読／オーバーラッピング→シャドーイングという流れを推奨する。

・ペアでのシャドーイング (**Practice**)

　通常のシャドーイングでは PC や CD 等の音源からの英文をシャドーするが，この活動では，ペアになり一人が英文を読み，もう一人がそれをシャドーイングする。読み手はしっかり聞き取れるようにできるだけ正確に読む必要があり，音読の練習にもなる。またシャドーする側もパートナーが読んでくれるわけなので，モチベーションも高まると言える。この活動もしっかり音読の練習をした上で行う。

・ディクテーション (**Practice**)

　音源から流れる英文をできるだけ正確にそのまま書き取る活動。本文学

習後に行うと，知識の定着・自動化につながりよい practice となる。生
徒のレベル，英文の難易度により 1，2 文ごとに音源を止めるなどの工夫
をする。最後に本文を見て確認し，上手く書きとれなかった場合は，その
原因を明らかにし，再度学習する（リンキングやリダクションの聞き取り，
個々の単語の聞き取りに難がある，単語・文法知識の未定着，文構造が理
解できていない等の問題が考えられる）。

索　引

1. 日本語は五十音順に並べてある。英語で始まるものはアルファベット順で，最後に一括してある。
2. 数字はページ数を示す。

［あ行］

アウトプット仮説　141
暗示的知識　1, 2, 134
意図的語彙学習　65
インプット強化（Input enhancement）28, 29
インプット洪水（Input flood）　28
インプット仮説　2, 133
英文和訳　160, 161
L2 自己理論　120
演繹的（文法）指導　14, 15, 160
オーディオ・リンガル・メソッド　15, 16, 27
オーバーラッピング（Ocerlapping）97

［か行］

学習がうまくいっているという錯覚（Illusion of successful learning）70
改訂型 PPP　1, 7, 8, 24, 27, 37, 39, 151
会話意欲（Willingness to communicate: WTC）　134, 135, 149, 150
帰納的指導　8, 15
繰り返し（Repetition）　142, 143, 158
形成的評価（Formative assessment）51

語族（Word family）　59
固定的マインドセット　26
コミュニカティブ・プラクティス　18
コミュニカティブ・ランゲージ・ティーチング（Communicative language teaching: CLT）　2, 39
高頻度語（High-frequency words）　58
コードスイッチング（Code-Swiching）164
コーラス・リーディング（Chorus Reading）　96
コロケーション　80

［さ行］

ジェスチャー　133, 137, 152-159
ジップの法則（Zipf's Law）　59
自己決定理論（Self-determination theory; SDT）　122
質問　140
自動化された知識（Automatized knowledge）　24, 25
集中学習（Massed learning）　67
受容語彙（Receptive vocabulary）　59
使用依拠モデル　3
使用の制限　81
スキル習得理論（Skill acquisition theory）　24, 25
スモールトーク　92

208

シャドーイング（Shadowing）　97, 204
成長マインドセット（Growth
　mindset）　26-28
宣言的知識　8, 24, 25, 32, 33, 38
総括的評価（Summative assessment）
　50

［た行］

タスク中心の教授法（Task-based
　language teaching: TBLT）　2, 30,
　39, 151
ディクトグロス　30
訂正フィードバック（Corrective
　feedback: CF）　142-145, 157
ティームティーチング　166, 171
テスト効果（想起練習）　68
手続き的知識　19, 24, 25, 32-34, 38
提示・理解・練習・産出（Prestation-
　Comprehension-Practice-Production:
　PCPP）　5, 6
提示・練習・産出（Prestation-Practice-
　Production: PPP）　4-6, 23, 30, 40,
　51, 52, 160
トランスランゲージング（Trans-
　languaging）　164, 165

［な行］

望ましい困難（Desirable difficulty）
　70

［は行］

バズ・リーディング（Buzz Reading）
　97
パターン・プラクティス　17, 18, 94

発表語彙（Productive vocabulary）　59
発問　140
パフォーマンス評価　35, 37
付随的語彙学習　65
分散学習（Distributed learning / spaced
　learning）　67
文法的機能　80
ペア・リーディング（Pair Reading)
　97
ポッドキャスト（Podcast）　75
プロンプト（Prompt）　142-144

［ま行］

マインドセット　26
明確化要求（Clarification request）
　142, 143
明示的指導　29
明示的訂正（Explicit correction）　142,
　143
明示的知識　1, 3, 8, 22, 134
メタ言語的フィードバック（Metalin-
　guistic feedback）　142, 144

［や行］

誘導（Elicitation）　142, 144, 158
ヨーロッパ言語共通参照枠（CEFR）
　35

［ら行］

リード・アンド・ルックアップ（Read
　& Look up）　97
リキャスト（Recast）　142, 147
リテリング　98, 197
リプロダクション　98, 197

ルーブリック　36, 37
レマ（Lemma）　59

[英語]

ALT　166-173
AWL　63
BNC　63
CEFR　35
CLT　2, 39, 65

COCA　63
Graded Readers　73
GSL　63
MERRIER アプローチ　135
PCPP　5, 6
PPP　4-6, 23, 30, 40, 51, 52, 160
SDGs　83
TBLT　2, 30, 39, 65, 151
Tongue Twisters　92

【著者紹介】

佐藤 臨太郎（さとう　りんたろう）
奈良教育大学教授　博士（学校教育学）。研究分野・関心領域は教室第二言語習得，日本の EFL 環境での英語指導・学習など。
著書に『英語テスト作成入門』（共著，金星堂），『日本人学習者にあった効果的英語教授法入門』（共著，明治図書）など。論文に Sato R. (2020). Examining fluctuations in the WTC of Japanese EFL speakers: Language proficiency, affective and conditional factors. *Language Teaching Research.* などがある。
（目下の趣味はマラソン，筋トレ，温泉とビール）

笠原　究（かさはら　きわむ）
北海道教育大学教授　博士（言語学）。研究分野・関心領域は第二言語語彙習得，日本の EFL 環境での英語指導・テスティングなど。
著書に『英語テスト作成入門』（共著，金星堂），『英語で教える英語の授業』（共著，大修館書店）など。論文に Kasahara. K., & Yanagisawa, A. (2021). Learning new verbs with known cue words: The relative effects of noun and adverb cues. *Language Teaching Research.* などがある。
（目下の趣味はギター，ジョギング，サウナとビール）

奥平 和也（おくひら　かずや）
北海道鹿追町立鹿追中学校勤務。ICT を活用し，同時に，人と人の真のコミュニケーションを重視した創意工夫に富んだ授業を実践している。数多くの研究授業をこなし多くの先生方を啓蒙している。

古賀　功（こが　つとむ）
龍谷大学准教授　博士（言語学）。研究分野は動機づけや会話意欲（willingness to communicate）などといった個人内要因の変動。
著書に『日本人学習者にあった効果的英語教授法入門』（共著，明治図書）など。論文に Koga, T. (2010). Dynamicity of motivation, anxiety, and cooperativeness in a semester course. *System.* などがある。
（目下の趣味はスノボに復帰）

今野 勝幸（こんの　かつゆき）
龍谷大学講師　博士（言語学）。研究分野・関心領域は英語学習者の個人差要因（主に動機づけ）。
著書に「クラスタ分析」平井明代編著『教育・心理・言語系研究のためのデータ分

211

析——研究の幅を広げる統計手法』（東京図書）など。論文に Konno K., & Koga (2017). Exploring the relationships between motivation and on-task behavior during interactive task. *Language Education & Technology.* などがある。
（最近新しいメガネを買いました。妻が増々美しく見えます。）

鷹野 英仁（たかの　ひでひと）
山梨県昭和町立押原中学校教諭　修士（教育学）。関心領域は，日本の中学校における英語指導・学習。
著書に『オーラルコミュニケーション　テストと評価』（共著，一橋出版）。論文に鷹野英仁 (2005).「中学校における英語学力低下についての一考察」『中部地区英語教育学会紀要』がある。
（14 台目の車はグレーメタリックにしました）

効果的英語授業の設計

―理解・練習・繰り返しを重視して―

編著者	佐藤臨太郎・笠原　究
著　者	奥平和也・古賀　功・今野勝幸・鷹野英仁
発行者	武村哲司
印刷所	日之出印刷株式会社

2022 年 8 月 26 日　第 1 版第 1 刷発行

発行所　　株式会社　開 拓 社

〒112-0013 東京都文京区音羽 1-22-16
電話　（03）5395-7101（代表）
振替　00160-8-39587
http://www.kaitakusha.co.jp